Il Libro
FIRENZE

I MUSEI - LE GALLERIE - LE CHIESE
I PALAZZI - I MONUMENTI

BONECHI

Via Cairoli 18/b - 50131 Firenze - Italia
Tel. 055/576841 - Telex 571323 CEB - Fax 055/5000766

Stampato in Italia dal Centro Stampa Editoriale Bonechi.

Questa pubblicazione è stata realizzata dalla équipe redazionale della Casa Editrice.

Le fotografie appartengono all'Archivio della Casa Editrice Bonechi e sono state realizzate da: Gaetano Barone, Carlo Cantini, Paolo Giambone, Stefano Giusti, Italfotogieffe, Antonio Lelli, Andrea Pistolesi, Antonio Quattrone, Alessandro Saragosa, Soprintendenza Archeologica per la Toscana, Soprintendenza ai Monumenti di Firenze.

ISBN 88-7009-429-4

Panorama di Firenze dal Monte alla Croci (Giovanni Signorini, Museo di Firenze com'era).

CENNO STORICO

Firenze è posta alle pendici dell'Appennino tosco-emiliano in una vasta pianura tagliata dall'Arno e coronata da colline. Dopo una occupazione preistorica, già nell'VIII secolo a.C. una popolazione italica di civiltà villanoviana si stabilì nella zona fra l'Arno ed il Mugnone, ma di questi lontani secoli ci sono giunte scarse notizie. Nel 59 a.C. venne fondata la città romana che ebbe l'impronta quadrata dei castra; *il* decumanus maximus *seguiva le attuali via del Corso, via degli Speziali e via Strozzi, mentre il* cardo *corrispondeva alla linea tra Piazza San Giovanni, via Roma e via Calimala. Con la venuta dei barbari Firenze fu dapprima assediata dagli ostrogoti (405) di Radagaiso, che saccheggiarono le campagne senza tuttavia riuscire ad espugnare la città, protetta dalle truppe di Stilicone il quale riuscì a riportare una schiacciante vittoria contro di loro. Fu poi la volta del potere dei bizantini, che occuparono la città nel 539, e dei goti che se ne impadronirono nel 541. Sotto la dominazione longobarda (570) la città riuscì a mantenere una sorta di propria autonomia, mentre sotto i franchi diminuì in numero di abitanti e perse gran parte dei propri territori. Intorno al Mille inizia il decollo della città del giglio, un decollo che, nonostante le numerose controversie, guerre e lotte intestine, si protrasse per diversi secoli. Si provvide a cingerla con nuove mura; furono eretti nuovi edifici religiosi e civili; contemporaneamente le arti, la letteratura, i commerci prosperarono sempre più. Nel 1183 la città si costituì in libero comune, anche se in pratica era già da molti anni che poteva ufficiosamente avvalersi di tale libertà. In questo periodo cominciano i primi scontri fra due fazioni, quella dei guelfi e quella dei ghibellini, i primi fedeli al papa ed i secondi all'imperatore; scontri che dilanieranno il tessuto civile cittadino e che si protrarranno fino al 1268. In questo periodo, nonostante l'instabile situazione sociale e politica, la città andò incontro ad un grande impulso nelle arti e nella letteratura: erano gli anni di Dante e del «Dolce stil novo», di Giotto e di Arnolfo di Cambio. Nel Quattrocento Firenze continuò il suo decollo; fu una città commerciale ma anche la nuova culla della cultura italiana e, ben presto, anche europea. Molte potenti famiglie (i Pitti, i Frescobaldi, gli Strozzi, gli Albizi), si contendevano allora la supremazia in città. Fra tutte emerse ben presto una potente famiglia di banchieri, quella dei Medici, che con il capostipite Cosimo I detto poi il Vecchio governerà fino alla prima metà del Settecento facendo assurgere Firenze a città-faro durante l'età dell'Umanesimo e del Rinascimento. Un'età che vedrà emergere personalità quali Leonardo da Vinci e Michelangelo; un'età che sancirà per Firenze il momento del suo massimo prestigio. Nel 1737 ai Medici subentrarono i Lorena, che continuarono a ben governare con una politica di moderato liberalismo anche se ormai il grande periodo culturale fiorentino andava via via spegnendosi. Durante il Risorgimento, nel 1860, la Toscana venne annessa al Regno d'Italia con un plebiscito. Firenze diventò quindi, anche se per poco tempo, capitale della nuova nazione.*

A fronte ed in alto, uno scorcio della cupola brunelleschiana ed uno del Duomo.

LA CATTEDRALE

DUOMO

Dedicato a S. Maria del Fiore, è il frutto dell'impegno di numerosi artisti che vi lavorarono nell'arco di più secoli. Nel 1294 la Corporazione delle Arti incaricò Arnolfo di Cambio della realizzazione di una nuova Cattedrale in sostituzione della preesistente Santa Reparata. Il nuovo cantiere si sviluppò attorno a questa chiesa e, pur perdurando per decenni, non ne interruppe la vita fino al 1375. I lavori al nuovo Duomo iniziarono l'8 settembre 1296 e proseguirono sotto diversi capomastri come Giotto, Andrea Pisano, Francesco Talenti, fino al 1375, anno in cui venne demolita Santa Reparata e riprogettata parte della costruzione arnolfiana. Per la **cupola** si dovette attendere il 1420, anno in cui il Brunelleschi vinse il concorso per la costruzione dell'enorme struttura. Nel 1434 i lavori ebbero fine e il tempio fu consacrato due anni dopo, a 140 anni dall'inizio dei lavori. La **lanterna** iniziata nel 1445 fu completata nel 1461 con la sfera dorata. La facciata è dell'Ottocento, in stile gotico.

CUPOLA

A completamento della fabbrica del Duomo è il capolavoro del Brunelleschi, che progettò la cupola e la portò a termine tra il 1420 e il 1434. Il grande artista propose la costruzione dell'enorme struttura aerea senza uso di centine fisse, grazie a costoloni incatenati fra loro e a mattoni posti a spina di pesce, il tutto a volta doppia con intercapedine a forma ogivale (per un diametro di metri 45 e un'altezza di metri 91), su un alto tamburo. L'interno della cupola, che Brunelleschi pensò privo di decorazioni, fu invece affrescato dal Vasari e dallo Zuccari (1572-79). Nel secolo scorso e ancora recentemente si è proposto di farlo tornare alla purezza del bianco originario. La **lanterna**, anch'essa disegnata dal Brunelleschi a forma di tempietto, porta l'altezza totale a 107 metri.

A sinistra, il Campanile di Giotto che fu autore del progetto e di parte dell'edificio. A fronte, la facciata neogotica della Cattedrale.

CAMPANILE DI GIOTTO

Alla torre campanaria del Duomo lavorarono tra il 1334 e il 1359 il capomastro Giotto (autore del progetto), Andrea Pisano e Francesco Talenti. Gli oltre 84 metri di altezza del campanile a pianta quadrata (metri 14 per lato) sono interamente ornati da formelle esagonali e romboidali (opera di Andrea Pisano, Luca della Robbia, Alberto Arnoldi e di scuola), da nicchie con statue e false nicchie. Le formelle inferiori (oggi calchi) raffigurano la *Vita dell'uomo nella Creazione e nelle Arti umane;* la fascia superiore illustra i *Pianeti,* le *Virtù,* le *Arti liberali* e i *Sacramenti.* Le statue (gli originali sono conservanti nel **Museo dell'Opera del Duomo**) sono di *Profeti, Sibille* e del *Battista.*

DUOMO

FACCIATA
Nel 1587 fu demolita l'incompiuta facciata del Duomo realizzata da Arnolfo di Cambio. Da quel momento, per quasi tre secoli, si susseguirono i progetti e i concorsi per la nuova fronte della Cattedrale; infine nel 1871 venne approvato il progetto dell'architetto Emilio de Fabris (l'opera si concluse nel 1887). Tale facciata, che denuncia il gusto storicistico del tempo, fu realizzata impiegando gli stessi tipi di marmo del resto della fabbrica, ovvero il bianco di Carrara, il verde di Prato e il rosa di Maremma. Al di sopra dei tre portali con la *Storie di Maria* si trovano altrettante lunette con, da sinistra, la *Carità,* la *Madonna coi patroni cittadini* e la *Fede;* il frontone dell'ingresso centrale reca una *Madonna in gloria.* Tra i rosoni laterali e quello centrale è il fregio con le statue degli *Apostoli* e di *Maria;* in alto, dopo una serie di *busti di artisti,* si trova il timpano col bassorilievo del *Padre Eterno.*

In alto, l'interno del Duomo fiorentino; in basso, il Busto di Filippo Brunelleschi. A fronte, in alto, la tavola di Domenico di Michelino con Dante e la Divina Commedia; in basso, a sinistra, il Monumento equestre pittorico a Niccolò da Tolentino di Andrea del Castagno ed, a destra, quello a Giovanni Acuto di Paolo Uccello.

DUOMO

INTERNO

Presenta, secondo i dettami dell'architettura gotica italiana, una forte spazialità verticale e orizzontale (è la quarta chiesa del mondo: 153 metri di lunghezza, 38 di larghezza alle navate, 90 al transetto). Le navate sono scandite da pilastri a lesene sorreggenti grandi archi a sesto moderatamente acuto e volte agivali a costoloni. In alto corre un ballatoio su mensoloni; sul fondo si apre l'*altar maggiore* (di Baccio Bandinelli), attorno a cui si trovano le tre absidi o **tribune**, suddivise ciascuna in cinque ambienti. Il *pavimento* in marmi policromi (1526-1660) è opera di Baccio e Giuliano d'Agnolo, Francesco da Sangallo e altri. Sulla navata sinistra spiccano i due monumenti equestri, originariamente affrescati, raffiguranti *Giovanni Acuto* e *Niccolò da Tolentino*. Il primo, del 1436, è di Paolo Uccello; il secondo, del 1456, è di Andrea del Castagno (si noti l'opposta interpretazione plastica dei due capitani di ventura: il rigore dell'uno e la vitalità dell'altro). Tra le numerose altre opere si ricordano, all'interno della facciata, le *vetrate* del Ghiberti; la *Tomba di Antonio d'Orso* di Tino di Camaino (1321), la lunetta con *Maria incoronata* di Gaddo Gaddi; nella navata sinistra l'edicola con *Giosuè* del Ciuffagni, di Donatello e di Nanni di Bartolo, il *Busto dello Squarcialupi* di Benedetto da Maiano, le tavole coi *SS. Cosma e Damiano* di Bicci di Lorenzo.

QVI COELVM CECINIT MEDIVMQVE IMVMQVE TRIBVNAL LVSTRAVITQVE ANIMO CVNCTA POETA SVO DOCTVS ADEST DANTES SVA QVEM FLORENTIA SAEPE
SENSIT CONSILIIS AC PIETATE PATREM NIL POTVIT TANTO MORS SAEVA NOCERE POETAE QVEM VIVVM VIRTVS CARMEN IMAGO FACIT

IOANNES ACVTVS EQVES BRITANNICVS DVX AETATIS S
VAE CAVTISSIMVS ET REI MILITARIS PERITISSIMVS HABITVS EST
PAVLI VGELLI OPVS

In alto e a sinistra, due vedute dell'antica Cattedrale di S. Reparata nel sotterraneo del Duomo; a fronte, in alto, la tomba di Filippo Brunelleschi ed, in basso, i resti di un affresco con la Passione di Cristo.

SANTA REPARATA

L'antica Cattedrale di Firenze era stata impostata nel secolo IV-V sui resti di una *domus* romana, con una pianta a tre navate su colonne ed una sola abside. All'epoca delle guerre bizantine la chiesa venne distrutta, per essere ricostruita tra il secolo VII e il IX; pur mantenendo un perimetro simile, il complesso venne arricchito da due cappelle laterali ed i colonnati furono sostituiti da pilastri con lesene. Tra il 1000 e il 1100 nella zona absidale venne realizzata una cripta ed il coro rialzato, mentre all'esterno sorgevano due torri campanarie nei pressi dell'abside. Com'è noto Santa maria del Fiore venne eretta a spese di questa antica chiesa dedicata alla santa giovinetta, martire in Cesarea. Il nuovo Duomo le fu tuttavia costruito intorno, cosicché non fu distrutta fino al completamento di quello nel 1375. Nel 1966, in occasione dei lavori di restauro alla pavimentazione del Duomo, si rinvennero i resti della precedente Cattedrale. Oggi, attraverso un accesso situato tra il primo e il secondo pilastro della navata destra del Duomo, si scende in un vasto ambiente, dove, nella sistemazione dovuta all'opera dell'architetto Morozzi, si possono ammirare i resti degli *affreschi* che ornavano la chiesa, le *lastre tombali* di alcuni prelati e di autorità civili (oltre alla lapide che indica la *sepoltura del Brunelleschi*), e tratti della pavimentazione a mosaico ed in cotto.

PHILIPPI.BRVNELLESCHI.OSSA.IN.DEXTERA.HVIVS
SACRAE.AEDIS.ALA.VI.NON.IVL.A.D.MCMLXXII
VNA.CVM.PRISTINO.SEPVLCRI.TITVLO.REPERTA
HIC.IN.DIGNIOREM.STATVM.DILIGENTER.RESTITVTA
AB.ERMENEGILDO.FLORIT.S.R.E.CARD.ARCHIEP.FLOR
BENEDICTA.POSTERITATIS.CREDITA.MEMORIAE
COLLECTA ADSERVANTVR +

BATTISTERO

Edificio sacro sorto nel IV-V secolo in prossimità della porta settentrionale della Firenze romana, ha pianta ottagonale con abside semicircolare elevata su un podio a gradinata. Ai secoli XI-XIII risalirebbe l'aspetto attuale: del 1128 è il completamento del tetto a piramide liscia, del 1150 è la **lanterna** a colonne, del 1202 è la **tribuna** rettangolare (la « *scarsella* »). L'esterno è ricoperto da marmi bianchi e verdi; ogni faccia è spartita da lesene in tre spazi sormontati da trabeazioni e da arcate a tutto sesto con finestre. Di particolare rilievo sono le tre *porte* in bronzo e, all'interno, i *mosaici* della cupola.
Tre sono le porte bronzee del Battistero di S. Giovanni: la **porta sud**, di Andrea Pisano, con *Storie della Vita del Battista* e *Allegorie delle Virtù;* la **porta nord**, del Ghiberti, con *Storie del Nuovo Testamento, Evangelisti* e *Dottori della Chiesa,* e la **porta est**, (o *del Paradiso*), capolavoro del Ghiberti, che delle tre è giustamente la più famosa. È divisa in dieci pannelli che rappresentano *Storie del Vecchio Testamento* e fu commissionata al maestro dall'Arte dei Mercanti nel 1425. Per la perfezione dell'esecuzione, il mirabile uso del cesello e la squisitezza del disegno architettonico, meritò il suo soprannone da Michelangelo. Statuette di *Personaggi biblici* e *Ritratti di artisti* contemporanei al Ghiberti impreziosiscono l'incorniciatura delle formelle.

A fronte ed in questa pagina, alcune vedute del Battistero di S. Giovanni.

PORTA DEL PARADISO
EPISODI DELL'ANTICO TESTAMENTO
RAFFIGURATI NEI DIECI PANNELLI

Creazione di Adamo e di Eva, Il peccato originale, La cacciata dal Paradiso.	Lavoro dei primi uomini, sacrificio di Caino e di Abele, Uccisione di Abele, Rimprovero di Dio a Caino.
Sacrificio di Noè e dei suoi usciti dall'arca, Ebbrezza di Noè.	Apparizione degli Angeli ad Abramo, Sacrificio d'Isacco.
Nascita di Esaù e Giacobbe, Vendita della primogenitura, Ordine dato da Isacco ad Esaù di andare a caccia, Esaù alla caccia, Rebecca consiglia Giacobbe, Inganno d'Isacco.	Giuseppe venduto ai mercanti, Scoperta della tazza d'oro nel sacco di Beniamino, Giuseppe si fa riconoscere dai fratelli.
Mosè riceve sul Sinai le tavole della Legge.	Il popolo d'Israele nel Giordano, La presa di Gerico.
Battaglia contro i Filistei, Uccisione di Golia.	Salomone riceve la regina di Saba.

PORTA DEL PARADISO

Attualmente la **Porta del Paradiso** *è in corso di restauro: quella che si vede oggi è una copia perfetta. Le foto che pubblichiamo sono dell'originale e si presenta nello splendore che aveva prima che gli agenti atmosferici e l'inquinamento lo ricoprissero di una patina nera. La Porta attuale si presenta luccicante e probabilmente così appariva in origine quando fu collocata nel Battistero nel 1425. Fra qualche tempo anche questa sarà ricoperta da una patina mentre l'originale, restaurato, è al riparo nel Museo dell'Opera del Duomo.*

Le testine raffiguranti Lorenzo Ghiberti ed il figlio Vittorio.

L'Ebbrezza di Noè.

La Creazione di Adamo.

L'Uccisione di Abele.

Una Sibilla ed un personaggio biblico. Isacco ordina a Esaù di andare a caccia. La scoperta della tazza d'oro.

BATTISTERO

INTERNO
L'interno del Battistero è caratterizzato dalla scansione delle pareti su due ordini, l'inferiore con colonne ed il superiore con pilastri tra bifore; le superfici sono coperte da tarsie marmoree geometriche che si avvicinano a quelle del pavimento. Tra le opere esposte si ricordano il *Sepolcro dell'antipapa Giovanni XXIII*, complesso ideato da Michelozzo e Donatello (autore quest'ultimo della statua giacente), i due *sarcofagi romani* ed il *Sarcofago del vescovo Ranieri*. Sulla **tribuna**, o « *scarsella* », si trovano dei pregevoli *mosaici* duecenteschi, coevi a quelli della grande cupola dove, presso il grande *Cristo in trono* di Coppo di Marcovaldo, si susseguono sei ordini di fasce con, dal basso, le *Storie del Battista*, le *Storie di Cristo*, le *Storie di Giuseppe*, le *Storie della Genesi*, le *Gerarchie celesti con Cristo ed i Serafini* ed, al sommo, dei motivi ornamentali.

A fronte, la Porta sud del Battistero, di Andrea Pisano, con le Storie del Battista; qui sopra, l'interno del Battistero ed, a destra, la Tomba dell'Antipapa Giovanni XXIII ideata da Michelozzo e da Donatello.

Nelle due pagine seguenti, a sinistra uno scorcio della cupola interna del Battistero con l'arco a mosaici della scarsella; a destra l'ottagono della cupola interamente rivestito da ornati musivi.

ARCANGELI
ANGELI.

In alto, a sinistra, la Madonna col Bambino di Arnolfo di Cambio, tra S. Reparata, dello stesso, e S. Zanobi, di aiuti, all'interno del Museo dell'Opera del Duomo. A destra, la statua di Bonifacio VIII di Arnolfo di Cambio.

Nella pagina a fronte, in alto, la Cantoria di Donatello; in basso, la Maddalena di Donatello tra due profeti collocati originariamente sul Campanile di Giotto; quello a sinistra, Abacuc, è detto popolarmente « Lo Zuccone ».

MUSEO DELL'OPERA DEL DUOMO

È allestito dietro l'abside della Cattedrale e raccoglie le opere d'arte recuperate dal Duomo, dal campanile e dal Battistero. Sopra l'ingresso è il *Busto di Cosimo I* del Bandini. All'interno trovano posto sculture romaniche, statue e resti dell'antica facciata del Duomo e del Battistero. Al pianterreno sono esposte le statue di *Bonifacio VIII benedicente,* della *Madonna col Bambino* e della *Madonna della Natività* di Arnolfo di Cambio, oltre al famoso *S. Luca* di Nanni di Banco. Attigua è una sala con in mostra *libri, corali miniati* e *reliquiari.* Al primo piano è la sala con la *Cantoria di Luca della Robbia* (1431-38) dai dieci rilievi ispirati al gioioso *Salmo di Re David, e la Cantoria di Donatello* (1433-39), ispirata nel suo severo impianto architettonico a modelli dell'antichità classica. Questi due capolavori marmorei furono rimossi dal Duomo nel 1686 per volontà di Ferdinando dei Medici. Nella stessa sala sono esposte le statue un tempo ubicate sul campanile, come le statue dei profeti *Abacuc,* detto « *lo Zuccone* », e di *Geremia,* opere di Donatello, e di *Abramo* ed *Isacco*, di Nanni di Bartolo. Nella sala a sinistra sono conservate le *formelle* originali del campanile giottesco, che seguono la disposizione su due ordini che avevano sul monumento. Tra quelle dell'ordine inferiore, opera di Andrea Pisano, emergono le famosissime *Creazione di Adamo, Creazione di Eva* e il *Lavoro della Terra;* quelle dell'ordine superiore sono della scuola del Pisano e di Alberto Arnoldi e raffigurano i *Sacramenti.* Nella sala di destra si trova il bel *Dossale di S. Giovanni Battista,* realizzato in *équipe* da Michelozzo, Verrocchio, Antonio del Pollaiolo e Bernardo Cennini. Ai suoi lati le statue dell'*Annunziata* e dell'*Arcangelo Gabriele,* opere attribuite a Jacopo della Quercia. In fondo alla sala è l'*altare del Battistero* in argento, con dorature e smalti, magnifico esemplare di oreficeria gotica ma terminato nel Rinascimento.
Fra gli altri pezzi di pittura e scultura del museo, oltre alla celeberrima *Pietà* di Michelangelo, ammireremo il notevole dittico con *Storie di Cristo e della Madonna,* di scuola bizantina della fine del XIII secolo, e soprattutto, scendendo le scale del museo, la *Maddalena* di Donatello, un'intensissima statua lignea del grande maestro. L'esecuzione quasi febbrile col concorso del materiale fonde realismo e patetica partecipazione. L'opera appartiene all'ultimo periodo fiorentino di Donatello (databile tra il 1435 e il 1455) ed il recente restauro ha riportato alla sua più chiara lettura. Tornati al pianterreno si può osservare, nella sala in cui sono esposte le sculture salvate dalla demolizione dell'originale fronte di S. Maria del Fiore (1587), un interessante *disegno* della seconda metà del '500 riproducente l'antica facciata del Duomo con l'originaria collocazione di statue e decorazioni architettoniche.

MUSEO DELL'OPERA DEL DUOMO

PIETÀ DI MICHELANGELO
Opera già conservata nel Duomo e nella cui figura centrale si vuole vedere un autoritratto dell'artista, fu scolpita tra il 1550 e il 1553 da Michelangelo per la propria cappella in S. Maria Maggiore a Roma. Restò invece nei sotterranei di S. Lorenzo fino al 1722, anno in cui fu trasferita in Duomo. È probabilmente tra le sculture più drammatiche di Michelangelo, anche per l'uso pittorico dello sbozzato (il famoso « non finito » michelangiolesco). All'allievo Tiberio Calcagni si deve il restauro del braccio sinistro del Cristo e la figura della Maddalena.

A sinistra, il modello ligneo di un progetto per la facciata del Duomo; in basso, a sinistra, alcune formelle esagonali e romboidali provenienti dal Campanile giottesco; a fronte, la Pietà di Michelangelo.

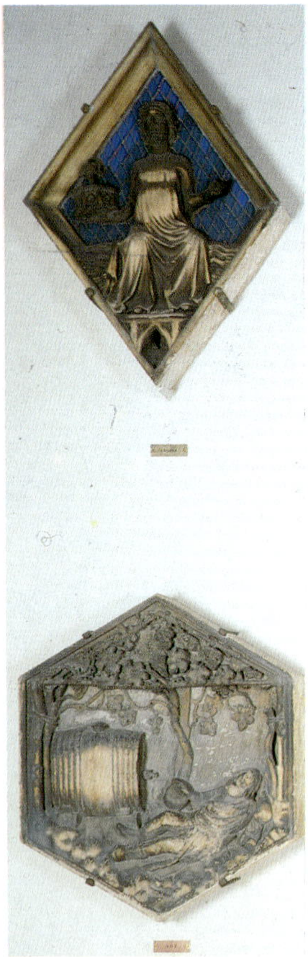

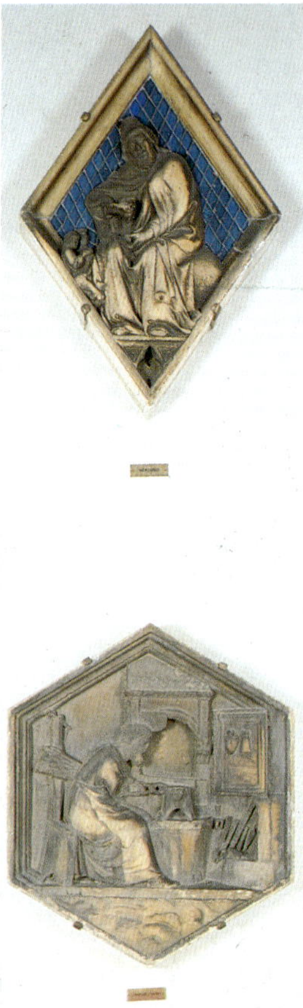

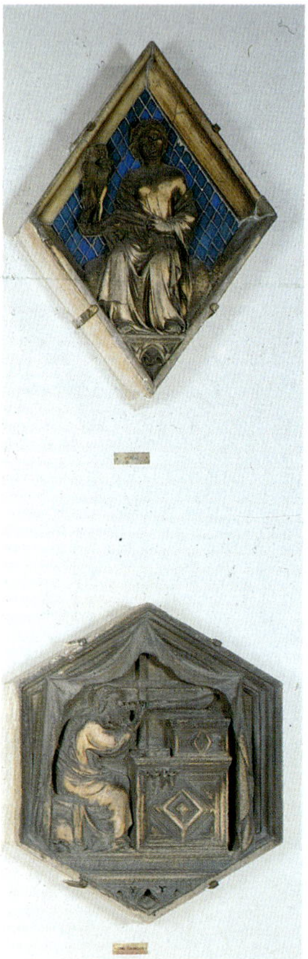

In alto, una veduta complessiva di Piazza della Signoria; a fronte, la Fontana di Piazza o del Nettuno.

PIAZZA DELLA SIGNORIA

È fra le piazze più belle d'Italia; si apre scenograficamente occupando una vasta superficie squadrata. Fu aperta e successivamente ingrandita fra il XIII ed il XIV secolo, grazie alla demolizione delle abitazioni delle famiglie degli Uberti, dei Foraboschi e di altre casate della Firenze ghibellina. La piazza è sovrastata dall'imponente complesso di **Palazzo Vecchio** che si affaccia sulla piazza anche lungo il lato settentrionale. Sul lato a destra della facciata di Palazzo Vecchio si apre la bella **Loggia dei Lanzi**, edificio tardogotico eretto da Benci di Cione e Simone Talenti (1376-82), animata da una teoria di importanti sculture tra cui il celebre *Perseo* (1554) del Cellini e l'*Ercole e il Centauro* del Giambologna. Sul lato sinistro del palazzo si erge poi la plastica **Fontana di Piazza** o **del Nettuno**, realizzata da Bartolomeo Ammannati e aiuti (1563-75). I fiorentini, a causa dell'enorme mole bianca del dio del mare posto in mezzo alla vasca su un cocchio tirato da cavalli marini, ribattezzarono la scultura col nomignolo di « Biancone ». Da ammirare in particolare le magnifiche figure in bronzo sull'orlo della vasca. A lato, il **Monumento equestre di Cosimo I** (1594) del Giambologna. La piazza è poi coronata da una sobria successione di antichi palazzi privati.

LOGGIA DEI LANZI

La Loggia della Signoria, detta « *dell'Orcagna* » (il disegno sarebbe di questo artista) o « *dei Lanzi* » (in ricordo della guardia mercenaria del Granduca Cosimo I), fu realizzata da Benci di Cione e Simone Talenti (1376-82) per le adunanze pubbliche della Signoria. Le belle formelle sopra i pilastri rappresentano figure allegoriche delle *Virtù* scolpite tra il 1384 e il 1389 su disegno di Agnolo Gaddi. Ai lati della scala due leoni fiancheggiano l'accesso: uno è di arte classica, l'altro è di Flaminio Vacca (1600). All'interno della Loggia sono conservate opere scultoree di notevole qualità: da sinistra, il famosissimo *Perseo* del Cellini (1554), a destra il *Ratto delle Sabine* del Giambologna (1583, ora alla Galleria dell'Accademia); al centro *Ercole e il Centauro,* sempre del Giambologna (1599), *Aiace che sorregge il cadavere di Patroclo,* gruppo di scuola ellenistica reintegrato, e il *Ratto di Polissena* di Pio Fedi (1866). Sulla parete di fondo sono collocate sei antiche *statue femminili* di età romana. Sulla parete destra è un'iscrizione in latino del 1750 che rammenta la sostituzione del calendario fiorentino (con inizio dell'anno il 25 marzo) con quello comune.

PERSEO

Splendido quanto famoso capolavoro bronzeo di Benvenuto Cellini (1500-1571), firmato dall'artista sulla cinghia a tracolla dell'eroe al compimento nel 1554. Il liberatore di Andromeda è colto poco dopo aver tagliato la testa di Medusa: il volto e tutta la figura trasmettono l'ideale classico della potenza trattenuta; il dramma è già finito e la gravità del gesto (il piede dell'eroe posato sul corpo del mostro) ne suggerisce il compimento. Secondo la tradizione all'interno dell'ornato complicatissimo dell'elmo alato di Perseo si dovrebbe riconoscere un autoritratto dell'artista. Nel piedistallo, dove la raffinatezza di esecuzione e di elaborazione decorativa mostrano quale maestro dell'oreficeria fosse Cellini, è il bassorilievo (copia dell'originale al Bargello), con *Perseo che libera Andromeda.*

Nella pagina a fronte, due vedute dell'esterno e dell'interno della Loggia dei Lanzi; a destra, il Perseo bronzeo del Cellini.

COSIMO I DEI MEDICI GRANDUCA DI TOSCANA

La statua equestre che sorge nella piazza effigia Cosimo I dei Medici ed è opera del Giambologna, che la realizzò nel 1594. La grande compostezza dell'opera trae origine dalla viva resa della fierezza del signore di Firenze e della potenza del cavallo; i bassorilievi del piedistallo celebrano il primo Granduca di Toscana attraverso le scene dell'*Entrata di Cosimo I a Siena,* di *Pio V che dà a Cosimo le insegne granducali* e del *Senato toscano che dà a Cosimo il titolo di Granduca.*
La statua è posta a breve distanza da Palazzo Vecchio, l'edificio che Cosimo I andò ad abitare nel 1537 appena diciottenne, dopo l'assassinio di Alessandro da parte di Lorenzino dei Medici. Prima di lui la famiglia Medici aveva retto a lungo le sorti di Firenze, da quando si era inserita nelle lotte fra le Arti ed il popolo minuto, parteggiando per quest'ultimo.

PALAZZO VECCHIO

Iniziato a partire dal 1294 e concepito come palazzo-fortezza per la residenza dei Priori, fu ideato da Arnolfo di Cambio come un grande blocco squadrato chiuso in alto da una teoria di merli. Si caratterizza per lo slancio potente della *Torre* del 1310 (alta m. 94) che si appoggia sul ballatoio. Il rivestimento è a bugnato rustico di pietraforte che dà al grande edificio, spartito su tre piani e decorato con bifore iscritte entro arcate a tutto sesto, un carattere di austerità e di forte suggestione. Il nucleo originale arnolfiano conobbe tra il 1343 e il 1592 modificazioni e aggiunte sia esterne che interne (vi lavorarono il Cronaca, il Vasari, il Buontalenti). Sulla facciata, sotto gli archetti del ballatoio, spiccano gli affreschi con i nove *stemmi comunali* della città. L'*orologio* ha un meccanismo del 1667. Ai lati della porta si ergono due statue reggicatena in marmo e sopra di esse l'iscrizione voluta da Cosimo I nel 1551. Presso l'angolo sinistro del Palazzo è la *Fontana del Nettuno,* grandiosa opera dell'Ammannati.

A sinistra, la statua equestre di Cosimo I dei Medici; a fronte, la mole di Palazzo Vecchio.

A fronte, in alto, l'ingresso di Palazzo Vecchio col gruppo di Ercole e Caco; in basso, a sinistra, il Cortile di Michelozzo col Genietto del Verrocchio ed, a destra, la copia del David di Michelangelo.

In alto, l'interno dell'asimmetrico Salone dei Cinquecento, riccamente ornato di pitture e di sculture.

PALAZZO VECCHIO

FACCIATA
La fronte di Palazzo Vecchio è preceduta da varie sculture, quali la copia del *David* di Michelangelo posta in opera nel 1873 al posto dell'originale, e dal massiccio gruppo di *Ercole e Caco* del Bandinelli. Sulla facciata, al di sopra del portale, è collocato un medaglione col monogramma di Cristo fiancheggiato da leoni in campo azzurro e sormontato da una cornice timpanata. L'iscrizione « *Rex regum et Dominus dominantium* » fu collocata nel 1551 per volere di Cosimo I, in sostituzione della precedente epigrafe apposta un trentennio prima.

PALAZZO VECCHIO

INTERNO
Oltrepassato il **Cortile di Michelozzo**, con colonne a stucchi dorati e affreschi del Vasari, e con al centro la *Fontana col Genietto* del Verrocchio, attraverso le ampie scale del Vasari si accede all'imponente **Salone dei Cinquecento** ed allo **Studiolo di Francesco I**, ideato dal Vasari, ricco di *tavole* dipinte dal Bronzino, da Santi di Tito, dallo Stradano e di *statue* in bronzo del Giambologna e dell'Ammannati. Dal Salone dei Cinquecento si giunge ai **Quartieri Monumentali**, composti da numerose sale ricche di dipinti e affreschi, tra cui la **Sala di Leone X** (attualmente occupata dal Sindaco e dagli Assessori); la **Sala di Clemente VII**, con il famoso affresco vasariano dell'*Assedio di Firenze* che ci fornisce una minuziosa veduta della città cinquecentesca; la **Sala di Giovanni dalle Bande Nere**, le **Sale di Cosimo il Vecchio**, di **Lorenzo il Magnifico** e di **Cosimo I**.

SALONE DEI CINQUECENTO

Il Salone dei Cinquecento (realizzato per le assemblee del Consiglio Generale del Popolo dopo la seconda cacciata dei Medici da Firenze) è opera del Cronaca, mentre le decorazioni furono affidate alla sovrintendenza del Vasari. I dipinti allegorici del soffitto e delle pareti raccontano il trionfale *Rientro del Granduca Cosimo I in Firenze* ed illustrano i possedimenti del *Ducato mediceo* e le *Storie delle conquiste di Pisa e Siena.* Tra i gruppi marmorei si impone all'attenzione, alla parete di destra, il *Genio che atterra la Forza Bruta* di Michelangelo.

Nella pagina a fronte, in alto a sinistra, il Genio che atterra la Forza Bruta di Michelangelo; a destra, l'Ercole e Diomede di Vincenzo de' Rossi; in basso, l'affresco con l'Assedio di Firenze del Vasari nella Sala di Clemente VII.

In alto, a sinistra, il soffitto cassettonato del Salone dei Cinquecento; a destra, lo Studiolo di Francesco I; in basso, il dipinto con Giovanni dei Medici al soccorso di Ravenna, opera vasariana nella Sala di Leone X.

Sopra, a destra, l'originale del Putto col pesce del Verrocchio. A sinistra, la Camera Verde degli Appartamenti di Eleonora di Toledo; in basso a destra, la Giuditta di Donatello; a sinistra, la Cappella dei Priori.

SALA DEI GIGLI

Tra gli ambienti monumentali, oltre al **Quartiere di Eleonora di Toledo** del Vasari e alla **Sala dell'Udienza**, spicca la Sala dei Gigli, così definita per le decorazioni a fiordalisi d'oro in campo azzurro (soffitto di Giuliano da Maiano e di Francione). Pregevolissimo il *portale* in marmo di comunicazione con la Sala dell'Udienza. Sulla parete destra è un vasto affresco di Domenico Ghirlandaio.

LA GIUDITTA: UN'OPERA RESTAURATA

Il capolavoro più grande di Donatello, la Giuditta, ubicata per molti secoli in Piazza della Signoria, è stata sapientemente restaurata (i lavori sono durati due anni) dall'Opificio delle Pietre Dure. La scultura bronzea fu rimossa dalla originaria collocazione nel 1980 e trasportata nella Sala dell'Udienza in Palazzo Vecchio. Nel 1986 fu poi nuovamente rimossa per il restauro. Oggi si ripresenta alla pubblica fruizione nei suoi splendidi e luminosi volumi, collocata e protetta all'interno del palazzo, nella grande Sala dei Gigli, al fine di garantire la perfetta conservazione dell'opera.

In alto, l'interno della Sala dei Gigli ed, a destra, un particolare della Giuditta di Donatello.

In alto, l'edificio del Bargello con la torre della Volognana che si contrappone al Campanile di Badia.
A fronte, due immagini del cortile con loggia del Bargello.

PALAZZO DEL BARGELLO

Il Palazzo del Bargello ha carattere di fortilizio ed è dotato di una potente torre merlata (la **Volognana**) che sormonta l'austera facciata. Fu eretto nel 1255 come sede del Capitano del Popolo; vi alloggiarono poi i Podestà e il Consiglio di Giustizia. Dal 1574 vi alloggiò il Bargello (Capitano di Giustizia, ossia capo della polizia). L'esterno, scompartito da cornici, reca in basso finestre con architrave, mentre più in alto le finestre sono a bifora o semplici; la sommità dell'edificio ha una merlatura sporgente su archetti e mensole. La parte interna si apre attorno al **Cortile** porticato su tre lati, con pilastri e arcate. Da qui una pittoresca **scala scoperta**, opera trecentesca di Neri di Fioravante, conduce alla **Loggia** superiore, realizzazione di Tone di Giovanni (1319). Alle pareti del cortile decine di *stemmi* dei Podestà e dei Giudici di Ruota. Il palazzo è dal 1859 sede del **Museo Nazionale** (tra i più importanti del mondo) che ospita capolavori di arti minori di varie epoche e sculture rinascimentali.

MUSEO NAZIONALE DEL BARGELLO

La vastissima **Sala d'ingresso** a pilastri con solide volte presenta decorazioni araldiche alle pareti con le armi dei podestà (XIII-XIV secolo). Da qui si accede al **Cortile**, che si apre scenograficamente e che risulta irregolare ed originale. Vi si trovano gli *stemmi* di molti podestà e, sotto il portico, le pittoresche insegne dei quartieri e dei sestieri in cui un tempo era divisa la città. Accostate alle pareti sono alcune statue cinquecentesche del Bandinelli, dell'Ammannati, del Giambologna e del Danti. Dal cortile si accede ad una sala dove sono raccolte interessanti sculture trecentesche, fra cui la *Madonna col Bambino e l'Angelo* di Tino di Camaino, un'assorta *Madonna con Bambino* di arte veneta, una *Base d'acquasantiera* di Nicola Pisano e una *Madonna fra S. Pietro e S. Paolo.* Nella sala sotto la scala scoperta sono ospitate importanti opere di Michelengelo: il *Bacco* (1496), opera giovanile così morbida nelle forme e nello stesso tempo potente, il *Tondo Pitti,* con la Madonna che insegna a leggere al Bambino e a S. Giovannino (1504), il *David* o *Apollo* (1530), il *Bruto* (1540). Attorno si notano poi opere dell'Ammannati, del Tribolo, del Danti, del Francavilla e del Sansovino, che realizzò in gara con l'opera michelangiolesca un suo *Bacco.* Nello stesso vano si

In alto, il Salone del piano inferiore del Bargello con la raccolta di sculture rinascimentali; a sinistra, il Busto di Cosimo I del Cellini. A fronte, in alto, la Leda col cigno dell'Ammannati; in basso, a sinistra, un busto marmoreo di Cosimo I opera di Baccio Bandinelli ed, a destra, il Bruto di Michelangelo.

conserva il *Busto di Cosimo I*, opera bronzea del Cellini destinata al porto elbano di Portoferraio e da lì ritornata nel 1781, ed il *Mercurio* bronzeo del Giambologna. Salita la **scala scoperta** si accede alla **Loggia**, ornata da numerose opere di artisti cinquecenteschi. Il primo vano a destra, un tempo il Salone del Consiglio Generale, è oggi il **Salone di Donatello**, del quale sono qui conservate molteplici opere, quali il *S. Giorgio* (1416), dalla composta energia, destinato alle nicchie di Orsanmichele; il *S. Giovannino*, esile e mistico, il *David* marmoreo (1408) ed il *David* bronzeo, primo delicato nudo rinascimentale realizzato attorno al 1430. Ancora donatelliani il *Marzocco*, simbolo cittadino, e l'*Amore-Attis* bronzeo, di grande vivacità e di influenza classica. Nella sala si trovano anche, oltre ad opere di Luca della Robbia, del Ghiberti, del Vecchietta e di Agostino di Duccio, le *formelle* che Ghiberti e Brunelleschi realizzarono nel 1402 in concorrenza tra loro (furono sei i partecipanti) per ottenere la commessa della seconda porta del Battistero fiorentino. L'opera del Ghiberti riesce a renderci organicamente intera la storia del *Sacrificio di Isacco*, mentre la pur articolata formella del Brunelleschi mantiene un certo senso di giustapposizione delle parti. Dal salone si può accedere alle **Collezioni di arti minori**, in gran parte basate sulla donazione della Collezione Carrand. Il **Salone del Podestà** raccoglie *oreficerie* e *smalti* dal Medioevo al Cinquecento, *sigilli* ed oggetti metallici vari.

COS·MEDI
FLOR·DVX
·II·

In alto a sinistra, il Tondo Pitti di Michelangelo; a destra, il Busto di Michelangelo, opera di Daniele da Volterra. In basso a sinistra, il David-Apollo di Michelangelo. A fronte, in alto a sinistra, il Bacco del Sansovino, realizzato in gara col Bacco michelangiolesco (a destra). In basso, a sinistra, il bozzetto del Perseo del Cellini ed, a destra, il Mercurio del Giambologna.

Nella contigua **Cappella del Podestà**, dove passavano le ultime ore i condannati a morte, si possono ammirare gli affreschi giotteschi col *Paradiso*, l'*Inferno* e le *Storie di Santi*. Il piano è completato dalla **Sala degli Avori**, con rari intagli risalenti dall'epoca antica al '400, dalla **Sala delle Oreficerie**, con numerose opere di arte sacra, e dalla **Sala delle Maioliche**. Il secondo piano del Bargello ospita altre sale dedicate a grandi artisti; la prima, detta **Sala di Giovanni della Robbia**, contiene numerose opere plastiche del maestro, tra cui la predella con *Gesù e Santi*, il *S. Domenico*, la *Pietà* e l'*Annunciazione*. La seguente **Sala di Andrea della Robbia** ospita la *Madonna degli Architetti* ed altre opere in terracotta invetriata. Nella **Sala del Verrocchio** si trovano la *Resurrezione*, il *Busto di gentildonna*, la *Madonna col Bambino*, il *David* bronzeo ed altre opere del maestro, oltre a vari *busti* e *sculture* di Mino da Fiesole ed al gruppo dell'*Ercole ed Anteo* del Pollaiolo, vibrante della forza dei due nudi in lotta. Altre sculture in bronzo sono collocate nella **Sala dei Bronzetti**, dove è posto il *camino di Casa Borgherini* di Benedetto da Rovezzano; la **Sala delle Armi** ospita paramenti militari di epoche dal Medioevo al XVII secolo. Completano il museo la **Sala della Torre**, con arazzi, ed il **Medagliere mediceo**, con opere di artisti quali il Pisanello, il Cellini, Michelozzo ed altri.

A fronte, due vedute della grandiosa Basilica di S. Croce; in alto, l'interno della basilica ed, a destra, il pulpito di Benedetto da Maiano.

CHIESA DI S. CROCE

È un irripetibile monumento, non solo per la purezza del suo stile gotico, ma anche per le famosissime opere d'arte che essa contiene e per la sua importanza storica. La Basilica di S. Croce, fra le più grandi chiese della città, è attribuita alla genialità di Arnolfo di Cambio che ne avrebbe iniziata la costruzione nel 1294. I lavori continuarono fino alla seconda metà del '300; la consacrazione risale al 1443. La facciata a tre cuspidi è dell'Ottocento (progetto di N. Matas), come del secolo scorso è il **campanile** goticheggiante (1847, disegno di G. Baccani). Sul fianco sinistro corre un portico a leggere arcate sotto il quale è la trecentesca *Tomba di Francesco dei Pazzi.* Sul lato destro della chiesa si aprono invece i **Chiostri**, con la **Cappella Pazzi** sul fondo, e il **Museo dell'Opera di S. Croce**.
Il grandioso interno è a tre navate, spartite da agili pilastri ottagoni che impostano le ampie arcate a sesto acuto con doppia incorniciatura. Alcuni rimaneggiamenti cinquecenteschi ne hanno in parte alterato la bellezza.
Il pavimento è ricoperto di antiche *pietre tombali* fino al termine della navata, con copertura a capriate, dove si apre il transetto corredato di numerose cappelle, come la **Cappella Maggiore** con la *Leggenda della S. Croce* (1380) di Agnolo Gaddi. Sull'altare il polittico con *Madonna e Santi* del Gerini e, sopra, il *Crocifisso* di scuola giottesca. Nella parete interna della facciata si ammira una vetrata

GALILAEVS GALILEIVS PATRIC FLOR
NVLLI AETATIS SVAE COMPARANDVS
HIC BENE QVIESCAT
LVBENTI ANIMO ABSOLVIT

Nella pagina a fronte, in alto a sinistra, il Monumento funebre a Michelangelo; a destra, il Monumento funebre a Galileo Galilei. In basso, il Tabernacolo dell'Annunciazione con un particolare dell'Angelo di Donatello. In questa pagina, in alto a sinistra, il Monumento funebre all'Alfieri ed, a destra, quello a Machiavelli. In basso, il Monumento funebre a Dante Alighieri.

riproducente la *Deposizione dalla Croce* (cartone di Lorenzo Ghiberti). In basso a destra è il *Monumento a Gino Capponi* (1876), a sinistra quello a *G. B. Niccolini* (1883). Nella navata maggiore è posto uno splendido *pulpito* marmoreo di Benedetto da Maiano (1472-76). Nella navata destra, al primo altare, si noti una *Crocifissione* di Santi di Tito (1579); sul primo pilastro è collocata la famosa *Madonna del Latte,* bassorilievo di Antonio Rossellino (1478). Le vetrate sono della fine del sec. XIV.

Lungo la parete della navata destra si trovano i *monumenti funebri* più famosi. Tra essi, quello a *Michelangelo,* del Vasari (1579), a *Dante Alighieri,* del Ricci (1829), ad *Alfieri,* del Canova (1803), al *Machiavelli,* dello Spinazzi (1787). Dietro il quarto altare si conservano resti di affreschi dell'Orcagna; più oltre è il bell'affresco di Domenico Veneziano (1450) con *S. Giovanni Battista e S. Francesco.* Segue il tabernacolo in pietra serena di Donatello e Michelozzo con l'*Annunciazione* (1435) sempre di Donatello ed ancora, la *Tomba di Leonardo Bruni* di Bernardo Rossellino, il *Monumento funebre a Rossini* e quello al *Foscolo.* Nel braccio destro del transetto è la **Cappella Castellani** superbamente affrescata da Agnolo Gaddi (1385) con *Storie di Santi.* Sull'altare un *Crocifisso* del Gerini.

Nella pagina a fronte, la Cappella Maggiore di S. Croce.
In questa pagina, in alto, l'affresco giottesco con le Esequie di Francesco, nella Cappella Bardi; a sinistra, una veduta della Cappella con la tavola di S. Francesco, opera di anonimo duecentesco.

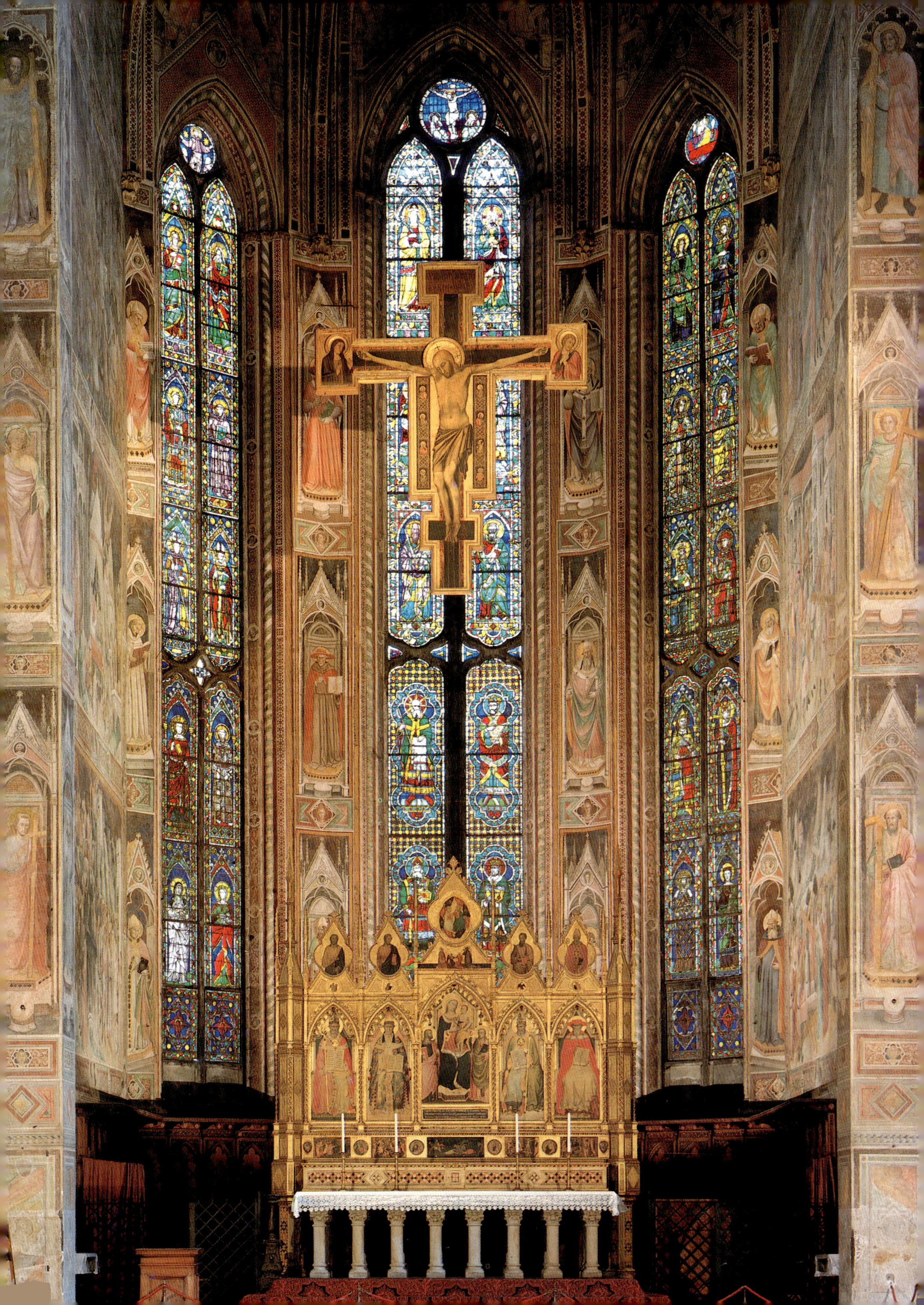

Al termine del transetto è la **Cappella Baroncelli**, con la stupenda tomba gotica della famiglia intestataria e una lunetta con una *Madonna* di Taddeo Gaddi. Alle pareti affreschi con *Storie di Maria* sempre del Gaddi e la *Madonna della Cintola* di Bastiano Mainardi (1490); sull'altare l'*Incoronazione della Vergine* di Giotto. Attraverso un portale, di Michelozzo, si accede alla **Sacrestia**, dove si ammira la **Cappella Rinuccini**, affrescata con le *Storie della Maddalena e della Vergine*, di Giovanni da Milano. Bella la *Pala d'altare* di Giovanni del Biondo (1379). In fondo si giunge alla **Cappella Medici** di Michelozzo, voluta da Cosimo il Vecchio; vi si ammirano uno stupendo *bassorilievo* donatelliano ed alcune opere robbiane.

Nella zona centrale del transetto si aprono varie cappelle che contengono opere importantissime. Tra queste la **Cappella Velluti** con la *Storie di S. Michele Arcangelo*, forse di Cimabue; la **Cappella Peruzzi** e quella **Bardi** affrescate da Giotto con *Storie di S. Giovanni Evangelista (1320) e Storie di S. Francesco* (1318); la **Cappella Tosinghi** con l'*Assunzione in Cielo* sempre di Giotto; la **Cappella Pulci** con affreschi di Bernardo Daddi. Sulla navata sinistra di rilievo è il *Sepolcro per il Marsuppini* di Desiderio da Settignano.

Nella pagina a fronte, la Cappella Baroncelli; in questa pagina, in alto a destra, la tavola di Giotto con l'Incoronazione della Vergine, posta nella stessa cappella; in basso la Cappella Castellani col Crocifisso di Niccolò di Pietro Gerini.

In alto, la Sacrestia con la Cappella Rinuccini; in basso, la Cappella dei Pazzi.

CAPPELLA DEI PAZZI E MUSEO DI S. CROCE

In fondo al **Primo Chiostro** della basilica appare la **Cappella dei Pazzi**, ardita realizzazione del genio brunelleschiano iniziata nel 1443. Le decorazioni sono opera di Desiderio da Settignano, Luca della Robbia e Giuliano da Maiano. La cappella è preceduta da un pronao su colonne corinzie. La cupoletta con tetto conico e lanterna rotonda fu terminata nel 1461. L'interno è un gioiello di armonia rinascimentale con le sue pareti bianche scandite dalle lesene grigie in pietra. Sul lato destro del **Chiostro**, nei locali del **Refettorio**, è allestito il **Museo dell'Opera di S. Croce**.

In alto, il Refettorio di S. Croce; in basso, a sinistra, il Crocifisso di Cimabue ed, a destra, un tabernacolo robbiano nel Museo di S. Croce.

UFFIZI

Gli Uffizi costituiscono la più illustre galleria italiana ed una delle più note al mondo. Essa offre un panorama esauriente delle varie scuole della pittura fiorentina, qui rappresentata da opere importantissime e da autentici capolavori. Comprende inoltre numerose raccolte di scuole italiane (in particolare di scuola veneta) ed un prezioso nucleo di scuola fiamminga, oltre alla famosa raccolta di autoritratti. Da segnalare anche un numero notevole di sculture antiche ed un'estesa collezione di arazzi. Gli Uffizi furono commissionati a Giorgio Vasari dalla famiglia Medici; dovevano diventare uffici amministrativi e giudiziari (da qui il nome). Iniziati nel 1560 ed ultimati venti anni più tardi, constano di due corpi di fabbrica con loggiato in basso, chiusi nel fondo da un terzo corpo con belle arcate che danno sul Lungarno. Ai lati del cortile centrale alcuni forti pilastri sorreggono nicchie che ospitano *statue* ottocentesche raffiguranti illustri personaggi toscani, mentre i piani superiori dell'edificio presentano finestre (primo piano) ed un'ampia loggia a correre (secondo piano). Oltre alla **Galleria**, ubicata al secondo piano, l'edificio accoglie l'**Archivio di Stato** che conserva rarissimi documenti della storia cittadina. Al piano terreno sono da notare i resti della chiesa romanica di **S. Pietro Scheraggio** (riportati alla luce e restaurati nel 1971) dove si possono apprezzare dei pregevoli *affreschi* di Andrea del Castagno. Al primo piano

Nella pagina a fronte, in alto, il lato degli Uffizi prospettante sull'Arno. In basso, il cortile degli Uffizi.

In alto, a sinistra, la Madonna di S. Trinita di Cimabue; a destra, la Madonna di Ognissanti di Giotto. In basso, la tavola col Redentore tra quattro Santi di Meliore di Jacopo.

In alto, il Polittico di S. Pancrazio di Bernardo Daddi; a sinistra, l'Annunciazione di Simone Martini.

In alto, a sinistra, la Madonna in trono col Bambino di Pietro Lorenzetti; a destra, la Presentazione al tempio di Ambrogio Lorenzetti. A sinistra, il Crocifisso con Storie della Passione del Maestro del S. Francesco Bardi.

è ubicato il **Gabinetto dei Disegni e delle Stampe**, un'ingente raccolta allestita, a cominciare dal XVII secolo, per volere del Cardinale Leopoldo dei Medici. Al secondo piano prende inizio la visita al grande museo che passò ad essere patrimonio pubblico soltanto nel 1737 su dono di Anna Maria Ludovica dei Medici, ultima rappresentante della prestigiosa famiglia. La galleria si articola in 45 sale divise per sezioni.

In alto, l'Annunciazione di Leonardo da Vinci; a sinistra, l'Adorazione dei pastori di Lorenzo di Credi.

In alto, i Ritratti dei duchi di Urbino di Piero della Francesca. A destra, la Madonna col Bambino e Santi del Ghirlandaio.

In alto, la Madonna del Magnificat del Botticelli. A fronte, in alto, la Primavera ed, in basso, la Nascita di Venere del Botticelli.

In alto, il Trittico Portinari di Hugo van der Goes. A sinistra, l'Adorazione dei Magi di Gentile da Fabriano.

In alto, la Sacra famiglia di Michelangelo.

In alto, a sinistra, Cosimo il Vecchio del Pontormo; a destra, la Madonna col Bambino di Giulio Romano. A sinistra, la Strage degli Innocenti di Daniele da Volterra. A fronte, in alto, Venere e Cupido di Alessandro Allori; in basso, Maria Enrichetta di Francia di Jean-Marc Nattier.

In alto, il versante del Ponte Vecchio volto a valle dell'Arno; a sinistra, il Busto del Cellini nella piazzetta a metà del ponte. A fronte in alto, il versante del ponte volto a monte ed, in basso, un particolare di alcuni laboratori sul ponte e degli archi che sorreggono il Corridoio Vasariano.

PONTI DI FIRENZE E PONTE VECCHIO

Attualmente i ponti fiorentini sono dieci, ma fino al 1957 erano sei, modificati nel corso dei secoli e tutti, salvo il Ponte Vecchio, ricostruiti dopo la distruzione durante l'ultima Guerra Mondiale. Il **Ponte Vecchio** è il più antico della città, non solo perché è l'unico superstite autentico, ma perché sorge nello stesso punto degli altri tre ponti che lo precedettero: quello di età romana, quello crollato nel 1117 e quello nuovamente distrutto da una piena dell'Arno del 1333. Il ponte che ammiriamo attualmente è opera di Neri di Fioravante (1345), solidissima ma elegante struttura a tre arcate. Caratteristica peculiare l'originale presenza di casette ai due lati del ponte; questi edifici, posti in filare, nel '300 avevano un aspetto regolare che è andato trasformandosi nel corso dei secoli fino ad assumere l'attuale, pittoresca varietà. Circa al centro delle campate sul fiume gli edifici s'interrompono aprendosi in uno slargo, da dove si gode una bella veduta sull'Arno e sugli altri ponti. In alto, sopra le costruzioni, passa il **Corridoio Vasariano**, che il Vasari edificò per permettere a Cosimo I di raggiungere Palazzo Pitti da Palazzo Vecchio indisturbato. Le botteghe ai lati del ponte sono dal '500 laboratori-negozi di orafi artigiani (più anticamente di beccai).
Il secondo ponte fiorentino fu il *Ponte Nuovo*, o **Ponte alla Carraia** (1220), adibito al traffico pesante dell'epoca. Anch'esso ricostruito dopo le alluvioni del 1274 e 1333,

fu definitivamente rifatto dopo il crollo del 1944. Il terzo ponte fu quello **alle Grazie** (1237), dal nome di una cappella dedicata alla Madonna delle Grazie. Quello che vediamo è del dopoguerra. Il quarto ponte è il **Ponte S. Trinita**, capolavoro dell'Ammannati (1567-70); il progetto ebbe la supervisione di Michelangelo. Sorse in sostituzione dei precedenti ponti (il primo del 1257) crollati per le piene dell'Arno. Alle due testate si ammirano le statue delle *Quattro Stagioni* (collocatevi nel 1608). Le attuali strutture sono il frutto di una ricostruzione eseguita « com'era e dov'era » negli anni Cinquanta, dopo le distruzioni belliche. Dell'Ottocento sono gli altri due ponti, quello **S. Niccolò** e quello alle Cascine (nato come *Ponte sospeso*), ribattezzato nel 1928 **alla Vittoria**. Nel 1957 fu inaugurato il **Ponte Vespucci**, primo ponte moderno e settimo della serie. Nel 1969 vi si aggiunse il **Ponte Giovanni da Verrazzano**, e, ultimamente, il **Viadotto all'Indiano**, oltre le Cascine, e quello di **Varlungo**.

TORRE DEI MANNELLI

La Torre dei Mannelli appartenne all'omonima famiglia che, originariamente ghibellina, si divise spaccandosi in due fazioni, l'una ghibellina e l'altra guelfa. Questa costruzione si salvò in modo fortunoso dalla demolizione quando Cosimo I fece costruire il Corridoio Vasariano, che avrebbe dovuto attraversarla. Magnanimemente infatti il Granduca, alle proteste dei Mannelli, lasciò intatto l'edificio che ancor oggi si erge all'attacco del Ponte Vecchio in Oltrarno.

A sinistra, la Torre dei Mannelli; in basso, il Ponte Vecchio ed i suoi negozi. A fronte, in alto, il Ponte S. Trinita ed il Ponte Vecchio; in basso, il Ponte S. Trinita sul versante verso monte.

RISTOR

PONTE E PIAZZA S. TRINITA

Il **Ponte S. Trinita** al suo attacco settentrionale verso il centro cittadino, è ornato dalle statue della *Primavera* e dell'*Estate* (a fronte, in basso a sinistra). Superato il **Palazzo Ferroni** (a fronte, in alto) si accede alla **Piazza S. Trinita** (a fronte, in basso a destra), ornata al centro dalla **Colonna della Giustizia**, reperto romano proveniente dalle Terme di Caracalla ed arricchito alla sommità da una statua della *Giustizia* che dà il nome al complesso.

PIAZZA DELLA REPUBBLICA

Quello che un tempo fu l'antico Foro romano fu in epoca medievale il vivo centro del Mercato Vecchio (oggi possiamo farcene un'idea visitando il Museo di Firenze com'era). Venne ad assumere l'aspetto attuale in stile piemontese con la demolizione del centro di Firenze (1887). In luogo di antiche torri e case, dello storico ghetto ebraico, di chiese, botteghe e banchi del mercato, nacquero i palazzi, i caffé (famosi quelli, in cui si ritrovavano letterati e artisti delle **Giubbe Rosse** e di **Paszkowski**) e l'enorme **Arco** che immette su via Strozzi dedicato assieme alla piazza a Vittorio Emanuele II.

PALAZZO STROZZI

Tipico esempio di palazzo rinascimentale, fu ideato da Benedetto da Maiano nel 1489 (i lavori proseguirono sino al 1538 sotto diverse direzioni). Nella parte basamentale a pietraforte si aprono l'ampio portale ad arco bugnato e le finestre rettangolari; la zona superiore, attribuita al

A destra, il Palazzo Strozzi; in basso, Piazza della Repubblica.

Cronaca, è scandita da due cornicioni dentellati di sapore classicheggiante e termina col grande cornicione al sommo dell'edificio; le finestre sono bifore. All'interno si trovano il **cortile** con colonne e una preziosa **Loggia**.

CHIESA DI ORSANMICHELE

Un tempo loggia adibita a mercato del grano (strutturata da Arnolfo di Cambio, 1290), venne distrutta in un incendio avvenuto nel 1304 e, dopo la ricostruzione del 1337 (opera di Francesco Talenti, Neri di Fioravante e Neri di Cione), fu mutata in edificio sacro il 1380 e il 1404. La struttura ha le forme di un grande parallelepipedo (di cui le arcate della loggia sono la base) che è ingentilito da una decorazione marmorea tardogotica; la parte superiore è in pietraforte con due ordini di grandi bifore. Sulle facce esterne della chiesa si aprono nicchie e tabernacoli con statue, quali il celeberrimo *S. Giovanni Battista* del Ghiberti (1414-16); il *S. Tommaso* del Verrocchio (1464-83); i *Quattro Santi Coronati* di Nanni di Banco (1408); la copia del *S. Giorgio* di Donatello (1416). All'interno è il grandioso *Tabernacolo dell'Orcagna* (1355-59) di stile gotico fiorentino.

Nella pagina a fronte, in alto, la Loggia del Mercato Nuovo costruita alla metà del XVI secolo da Giovan Battista del Tasso; le statue che figurano nelle nicchie dei pilastri sono ottocentesche e raffigurano illustri fiorentini del passato.

Nella pagina a fronte, in basso, la costruzione squadrata al cui piano inferiore si trova la Chiesa di Orsanmichele; in questa pagina, in alto, il Tabernacolo dell'Orcagna e, in basso, l'interno della chiesa.

In alto, la facciata di S. Maria Novella; a sinistra, uno degli obelischi della piazza. Nella pagina a fronte, due immagini del Cappellone degli Spagnoli.

CHIESA DI S. MARIA NOVELLA

Fu edificata a partire dal 1246 dai frati domenicani Sisto da Firenze e Ristoro da Campi, sul luogo ove già sorgeva l'oratorio domenicano di S. Maria delle Vigne del secolo X. Le navate sorsero nel 1279 e nella seconda metà del '300 fu terminata col **campanile** e la **Sacrestia** da Jacopo Talenti. La stupenda facciata fu rifatta tra il 1456 e il 1470 da Leon Battista Alberti (l'originaria era dei primi del '300), che realizzò lo stupendo *portale* e tutta la parte al di sopra di esso scandita da quadrati a tarsia e delimitato dalle *vele araldiche* della famiglia Rucellai, committente dell'opera. Due grandi volute capovolte raccordano le masse laterali con quelle centrali, scandite da quattro paraste e concluse da un timpano triangolare. L'interno è suddiviso in tre navate da pilastri polistili con archi e volte ogivali, con rimaneggiamenti del '500.

CHIESA DI S. MARIA NOVELLA

INTERNO

La chiesa ospita numerose opere dei secoli XIV-XVI. Tra di esse si ricordano il *Monumento alla Beata Villana* del Rossellino (1451); il *Busto di S. Antonino* (in terracotta) e la *Tomba del vescovo di Fiesole* di Tino di Camaino; la bellissima *Lastra tombale di Leonardo Dati* del Ghiberti (1423); la *Tomba di Filippo Strozzi* di Benedetto da Maiano (1491); la *Madonna del Rosario* del Vasari (1568); il *Miracolo di Gesù* del Bronzino. Una sosta particolare meritano almeno la **Cappella Maggiore** (o *dei*

P

Tornabuoni), con sull'altare un bel *Crocifisso* bronzeo del Giambologna e gli affreschi con le *Storie di S. Giovanni Battista* e *Storie della Madonna* di Domenico Ghirlandaio (fine sec. XV). La **Cappella Gondi**, realizzata da Giuliano da Sangallo, presenta nella volta dei resti di *affreschi* di pittori greci del XIII secolo e alla parete di fondo il celebre *Crocifisso* del Brunelleschi; la **Cappella Strozzi di Mantova** conserva nella parete di fondo gli affreschi del *Giudizio Universale*, in quella di destra l'*Inferno* e in quella di sinistra il *Paradiso* di Nardo di Cione o dell'Orcagna. Dal cancello a sinistra della facciata si accede al **Primo Chiostro**, in stile romanico (1350) affrescato con *Scene dell'Antico Testamento* da Paolo Uccello (ora conservate nel **Refettorio**). Da qui, attraverso il **Chiostrino dei Morti**, si giunge al **Chiostro Grande**, che conta oltre cinquanta arcate ed è interamente affrescato da maestri fiorentini del XV e del XVI secolo (di difficile visitabilità perché adibito ad uso militare).

CAPPELLONE DEGLI SPAGNOLI

L'antica Sala Capitolare del convento è raggiungibile attraverso un portale sul lato nord del **Primo Chiostro** (o *Chiostro Verde*). Opera di Jacopo Talenti (1359), fu destinata nel 1540 da Eleonora da Toledo, moglie di Cosimo I, a spazio privilegiato per le funzioni religiose del suo seguito. È interamente affrescata da Andrea di Bonaiuto (metà del '300) con scene ispirate allo *Specchio della vera penitenza* del priore Jacopo Passavanti, esemplare apologia della regola domenicana di S. Domenico e S. Tommaso d'Aquino.

Nella pagina a fronte, in alto, il recinto ed arcate bicrome sul fianco destro di S. Maria Novella; in basso, il Chiostro Grande. In questa pagina, due particolari del Cappellone degli Spagnoli.

In alto, la facciata della Chiesa di S. Lorenzo; a sinistra, il Chiostro; a fronte, in alto, l'interno della chiesa ed, in basso, uno dei due pulpiti bronzei di Donatello.

CHIESA DI S. LORENZO

È la chiesa più antica della città (consacrata da S. Ambrogio nel 393), ricostruita su schemi romanici nel 1060. L'attuale stesura risale al 1423 per mano del Brunelleschi. La facciata, magnifica nella sua nudità, rimase priva di rivestimento marmoreo (il relativo progetto michelangiolesco non fu mai realizzato). Nell'interno sono da ammirare, fra l'altro, i due *pulpiti* bronzei di Donatello, la sua *cantoria* e la **Sacrestia Vecchia**, opera prima del Brunelleschi (1419-28).

CAPPELLE MEDICEE

Questo vasto complesso, che ospita i sepolcri della famiglia dei Medici, sorge sul retro della Chiesa di S. Lorenzo, di cui utilizza i sotterranei oltre a varie sale. L'accesso conduce ad un ampio e basso ambiente, ideato dal Buontalenti, in cui si trovano la *Tomba di Cosimo il Vecchio,* la *Tomba di Donatello,* quelle *dei Lorena* ed altri sepolcri granducali. Da qui si sale alla grande **Cappella dei Principi**, ideata e realizzata parzialmente dal Nigetti (con ritocchi del Buontalenti) dal 1602, fino al completamento nel '700. L'interno è a pianta ottagona, interamente rivestito di pietre dure e marmi secondo un gusto barocco; al di sopra della zoccolatura con i *16 stemmi* di città granducali toscane si trovano le *6 arche* dei granduchi Cosimo III, Francesco I, Cosimo I, Ferdinando I, Cosimo II, Ferdinando II, di cui due sovrastate da *Statue di granduchi* del Tacca. Un corridoio conduce dalla Cappella dei Principi alla **Sacrestia Nuova**.

A sinistra, la cupola della Cappella dei Principi; in basso, uno scorcio dell'animato Borgo S. Lorenzo. A fronte, in alto, l'interno della cupola della Cappella dei Principi ed, in basso, l'altare.

COSMVS·I·M·DVX·ETR
FERDINANDVS·I·M·D·ETR

SACRESTIA NUOVA

Vicino al transetto destro della Basilica di S. Lorenzo si trova la **Sacrestia Nuova**, con accesso dalle **Cappelle Medicee**. Realizzazione di Michelangelo (1520), rovescia il composto equilibrio dell'ambiente brunelleschiano con la dinamicità ritmica degli ornamenti. Vi si trovano le michelangiolesche *Tombe dei Medici,* destinate a *Giuliano,* duca di Nemours, e a *Lorenzo,* duca di Urbino: la tomba del primo è vegliata dalle statue del *Giorno* e della *Notte;* quella del secondo dal *Crepuscolo* e dall'*Aurora.*

In questa pagina, i tre stemmi di Firenze, Pisa e Siena realizzati a tarsia e posti ad ornare le pareti della Cappella dei Principi. Nella pagina a fronte, le opere di Michelangelo nella Sacrestia Nuova; in alto a sinistra, la Tomba di Giuliano duca di Nemours; a destra, la Tomba di Lorenzo duca di Urbino; in basso, la Madonna col Bambino tra i Santi Cosma e Damiano.

Nelle due pagine seguenti sono contrapposti, in alto, la Notte ed il Giorno ed, in basso, il Crepuscolo e l'Aurora, opere di Michelangelo collocate sulle tombe dei due duchi medicei.

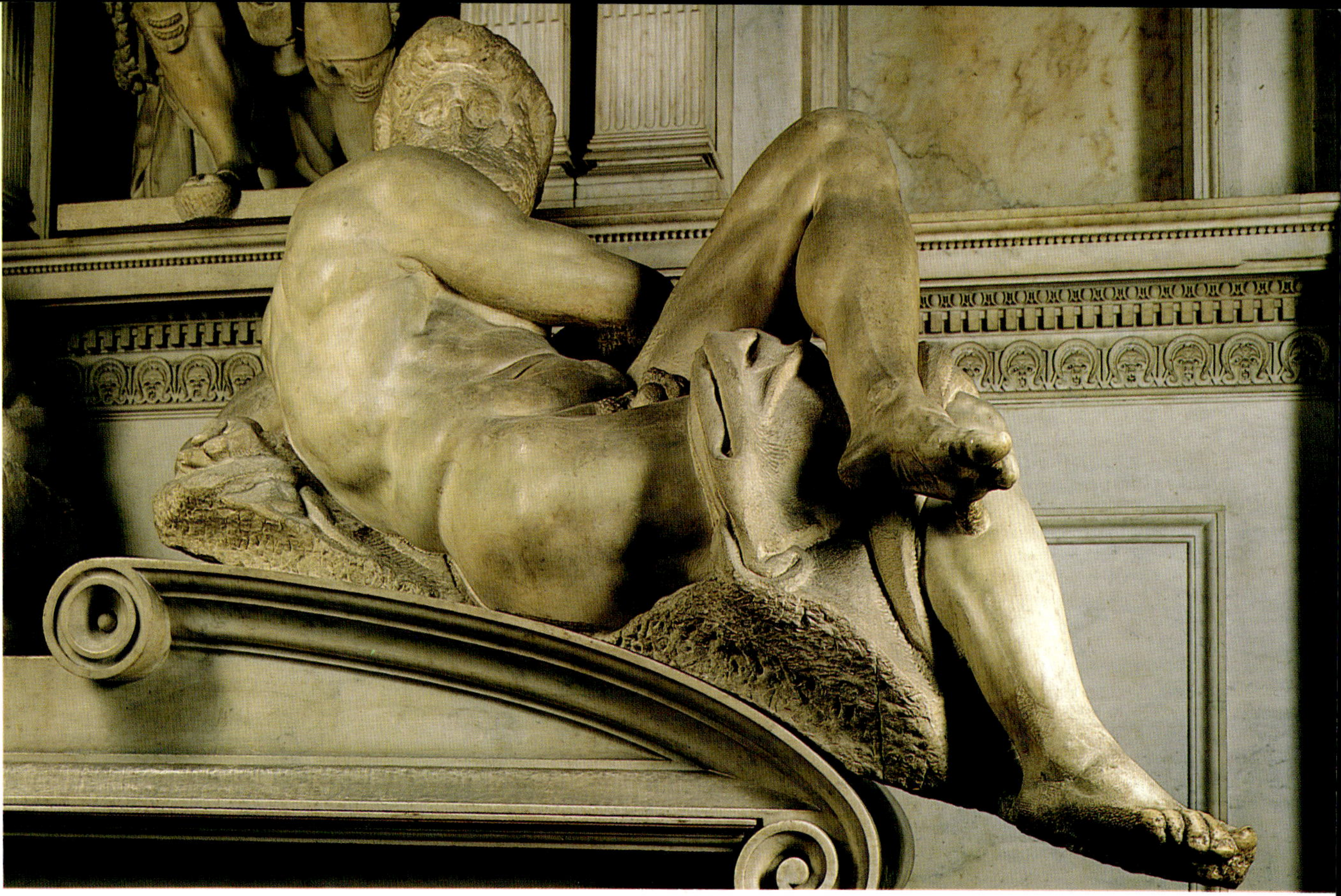

PALAZZO MEDICI-RICCARDI

È il palazzo che Cosimo il Vecchio volle per sé e per la sua famiglia. Opera di Michelozzo (1444-64), è il modello della dimora signorile rinascimentale. Nel 1517 fu murata la loggia aperta a piano terra, aggiungendovi le *finestre* timpanate che si attribuiscono a Michelangelo. Nel 1655 fu acquistato dai Riccardi che ne allargarono la facciata e il corpo di fabbrica interno, alterando l'aspetto del progetto iniziale. Le facciate esterne dell'edificio trascorrono dal grosso bugnato del piano inferiore alle superfici progressivamente più levigate dei piani superiori (bugnato liscio e pietre piatte ben commesse). Le finestre sono a bifora con colonnina sormontate da un medaglione; al sommo del palazzo corre un cornicione a mensole, di gusto classicheggiante. Il palazzo che fu di Lorenzo il Magnifico, oggi sede della Prefettura, ospita nella sua **Cappella** (anch'essa opera di Michelozzo) il famosissimo affresco di Benozzo Gozzoli, l'*Andata dei Magi a Betlemme*. Dipinta nel 1459-60, l'opera effigia i personaggi presenti al Concilio di Firenze del 1439 (vi si riconoscono Giovanni VII, Lorenzo, Piero il Gottoso con le figlie, Galeazzo Maria Sforza, Sigismondo Malatesta, oltre allo stesso Benozzo e al suo maestro, il Beato Angelico). Notevole è anche il **cortile** del palazzo, a portici sormontati da un ordine di bifore e da una loggia, ornato da *graffiti* quattrocenteschi di Maso di Bartolomeo e da *medaglioni* del Bertoldo.

A fronte, in alto a sinistra, il Palazzo Medici-Riccardi; a destra, la Sala di Luca Giordano; in basso ed in questa pagina, alcuni particolari della Cappella del palazzo con gli affreschi di Benozzo Gozzoli, raffiguranti l'Andata dei Magi a Betlemme.

In alto, l'Ospedale degli Innocenti fronteggiato dalla Statua equestre di Ferdinando I dei Medici. In basso, a sinistra, una delle Fontane del Tacca.

PIAZZA SS. ANNUNZIATA

Usciti dalla Chiesa della SS. Annunziata, a sinistra è il complesso dell'**Ospedale degli Innocenti** (disegnato dal Brunelleschi e terminato da F. Luna nel 1445). La facciata è composta dal bellissimo porticato di nove arcate decorate da terracotte policrome raffiguranti *Fanciulli in fasce* (l'ospedale ospitava i bambini abbandonati) di Andrea della Robbia (1463). All'interno si apre un magnifico **Cortile** e al primo piano sono allestite la **Raccolta di affreschi staccati** e la **Galleria dell'Ospedale**. A destra della chiesa e dirimpetto all'Ospedale sorge il **Portico della Confraternita dei Servi di Maria**, fatto ad imitazione del primo. È opera di Antonio da Sangallo il Vecchio e di Baccio d'Agnolo (1516-25). Al centro della piazza è posta la *Statua equestre di Ferdinando I de' Medici*. Questa è praticamente gemella di quella a Cosimo I in piazza della Signoria ed è anch'essa una realizzazione del Giambologna, ma ultimata dal Tacca (1608). Pure del Tacca sono le due *Fontane* ubicate ai lati della piazza e disposte in perfetta simmetria fra loro. Risalgono al 1629 ed erano destinate al porto di Livorno; il granduca Ferdinando II fu di parere diverso e vennero pertanto sistemate nella piazza. Le fontane bronzee riproducono, con gusto decisamente seicentesco, mostri marini e immagini grottesche di notevole livello artistico (il progetto è di Bernardino Radi).

In alto, la fronte della Chiesa della SS. Annunziata; a destra, il Chiostro dei Voti all'interno del complesso.

CHIESA DELLA SS. ANNUNZIATA

Sorse fuori dalle mura della seconda cerchia in forma di oratorio dell'Ordine dei Servi di Maria (1250). Michelozzo, Pagno Portigiani e Antonio Manetti (con suggerimenti di L. B. Alberti) tra il 1444 e il 1481 le dettero l'aspetto attuale. La facciata presenta un portico su colonne corinzie. Il portale centrale conduce al **Chiostro dei Voti** (1447), spazio marcatamente scenografico con lunette affrescate dal Rosso Fiorentino, Pontormo, Andrea del Sarto (1511-13). L'interno della chiesa, rimaneggiato nella metà del '600, è ad una sola grande navata sui cui fianchi si aprono gli archi delle cappelle. Si noti il magnifico *soffitto* cassettonato del Volterrano (1664). A sinistra del transetto si accede al **Chiostro dei Morti** (1453) con *affreschi* del Poccetti.

In alto, il particolare della testa del David di Michelangelo; a fronte, la scultura michelangiolesca nella Tribuna dell'Accademia.

GALLERIA DELL'ACCADEMIA

La galleria ospita una importantissima collezione di sculture di Michelangelo: nell'ambiente di accesso alla Tribuna, ornato da arazzi, sono collocate la *Pietà di Palestrina,* la cui attribuzione a Michelangelo è controversa, l'incompiuto *S. Matteo,* destinato alla Cattedrale fiorentina, ed i quattro « *Prigioni* » (cioè schiavi) destinati alla Tomba di Giulio II in S. Pietro a Roma, rimasta incompiuta come queste figure maschili, quasi intente a liberarsi dalla morsa del marmo. Nella spaziosa **Tribuna** si erge l'originale della statua del *David* (1501), che fu commissionata al grande maestro per sostituire sull'« aringhiera » del Palazzo dei Priori la *Giuditta* di Donatello. Sempre in questa sala è un'imponente raccolta di dipinti di scuola toscana del Due e Trecento. A destra del Salone della Tribuna scorrono **tre salette** in cui si possono ammirare numerosi *tabernacoli* attribuiti a Bernardo Daddi e una bella *Pietà* di Giovanni da Milano. A sinistra si aprono ancora **tre piccole sale** che contengono opere di illustri maestri del Trecento; tra esse emergono un bel *Polittico* di Andrea Orcagna e due serie di pannelli, raffiguranti *Scene della vita di Cristo* e *Scene della vita di S. Francesco* opera di Taddeo Gaddi. Sempre sulla sinistra del Salone della Tribuna è un'altra grande **sala** dove si trovano opere del Quattrocento fiorentino, fra cui l'*Annunciazione* di Lorenzo Monaco, il *Battista con la Maddalena* di Filippino Lippi, la *Madonna del Mare,* la cui attribuzione è incerta fra il Botticelli e Filippino Lippi, ed un pregevole *Frontale di cassone* detto « *delle Nozze Adimari* », di ignoto fiorentino del XV sec.

A fronte, in alto, tre Prigioni di Michelangelo; in basso, da sinistra, un Prigione, il S. Matteo e la Pietà di Palestrina. In alto, la sala della Galleria dell'Accademia col Ratto delle Sabine del Giambologna; a destra, l'Assunzione e Santi del Perugino.

A sinistra, una tavola trecentesca con la Madonna ed il Bambino; a destra, la Madonna del Mare di Botticelli; in basso, il frontale del Cassone delle Nozze Adimari.

A fronte, in alto, il Chiostro di S. Marco; in basso, il Salone dell'Ospizio con opere del Beato Angelico.

CONVENTO E CHIESA DI S. MARCO

Del **Convento** si hanno notizie fin dal XII secolo; nel 1437 Cosimo il Vecchio ne commissionò a Michelozzo la ristrutturazione e fu quindi il primo edificio conventuale fiorentino che prese eleganti ed asciutte forme rinascimentali. Il bel **Chiostro** consta di semplici elementi di pietra e di cornici in laterizi; al pianterreno leggere arcate ne cingono lo spazio. Al primo piano sono pregevoli *lunette* affrescate dal Poccetti, dal Rosselli, dal Coccapani, dal Vanni, dal Cerrini, dal Dandini e da altri illustri artisti. L'ingresso principale al Convento si apre a destra della **Chiesa di S. Marco**. Anche questa fu restaurata nel 1437 da Michelozzo; venne rimaneggiata più tardi dal Giambologna (1580) e quindi dal Silvani (1678); la semplice facciata fu rifatta tra il 1777 e il 1780 da Gioacchino Pronti. L'interno è lineare e presenta un notevole *soffitto* intagliato e dorato. Interessanti la **Sagrestia** (che conserva il *sarcofago* con la statua in bronzo di *S. Antonino*, 1608), e la vicina **Cappella di S. Antonino**,

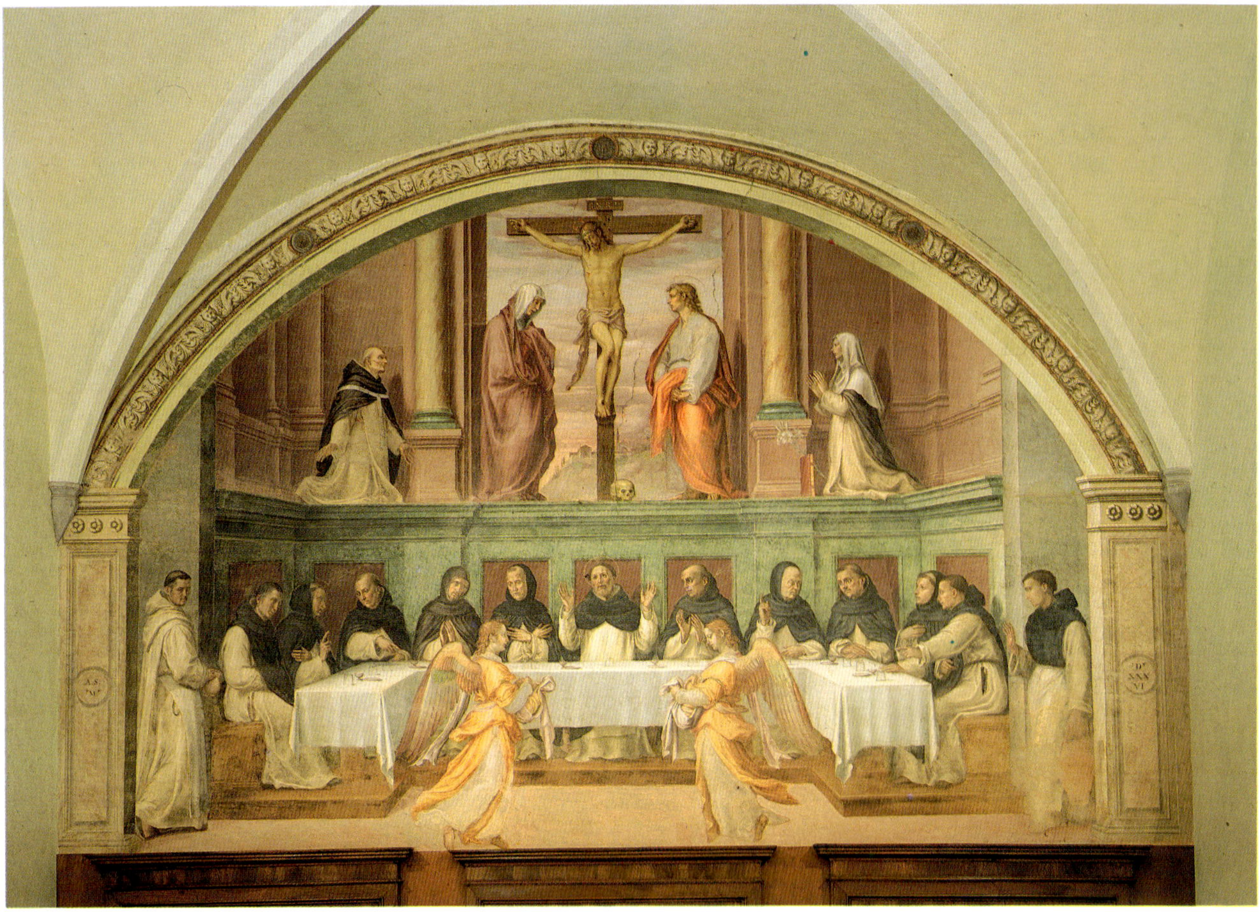

decorata dal Giambologna, dal Francavilla e da Alessandro Allori; gli *affreschi* della cupola sono del Poccetti. Ma di questo complesso religioso è senz'altro il Convento il vero polo d'attrazione. Come è noto, le sue antiche mura hanno conosciuto la vita e l'arte di un artista d'eccezione: il Beato Angelico. Suoi sono la maggior parte degli affreschi del **Chiostro** (bellissimi il *Crocifisso con S. Domenico* all'ingresso e la lunetta sopra la porta con *S. Pietro Martire*). Ancora di questo artista, nella lunetta della **Sala del Capitolo**, un *S. Domenico* e all'interno una stupenda *Crocifissione;* sulla porta del **Refettorio** una *Pietà;* sulla porta dell'**Ospizio**, *Gesù in veste di pellegrino* e, all'interno, la *Madonna dell'Arte dei Lanaioli,* il *Giudizio Finale,* le *Storie di Gesù,* la *Deposizione.* Attraversato il **Refettorio**, dove si ammira un grande affresco di G. A. Sogliani (1536) con la *Crocifissione* e la *Provvidenza,* una scala ci porta al piano superiore, dove spicca l'*Annunciazione* del Beato Angelico. Dal corridoio si accede alla magnifica **Biblioteca** del Michelozzo e, in fondo al corridoio, alla **Cella di Cosimo** dove, nell'anticella, è un *Crocifisso* dell'Angelico e nella cella l'*Adorazione dei Magi.* Nel corridoio a sinistra è la *Madonna in trono fra Santi* e, nelle celle che si aprono lungo il corridoio, altre altissime realizzazioni dell'Angelico: l'*Annunciazione,* la *Trasfigurazione,* il *Gesù nel Pretorio,* le *Marie al Sepolcro,* l'*Incoronazione* e la *Presentazione al Tempio.* Alla fine del corridoio si giunge alla **Cella del Savonarola**. Discesa una scala a destra, si entra nel **Piccolo Refettorio** che ospita un grande affresco con l'*Ultima Cena* di Domenico Ghirlandaio. Presso il Convento, sul retro della chiesa, sorge il **Chiostro di S. Domenico**.

A fronte, il Refettorio di S. Marco con l'affresco della Crocifissione e Provvidenza del Sogliani; in alto, la Crocifissione del Beato Angelico; in basso, il Giudizio Finale sempre dell'Angelico.

MUSEO ARCHEOLOGICO

È uno fra i maggiori musei d'Italia per la ricchezza delle sue collezioni d'arte egizia, etrusca, greca e romana, ed ha sede nel seicentesco **Palazzo della Crocetta**. Il nucleo del museo risale alle collezioni private medicee e granducali; del 1824 è l'istituzione della sezione egizia. In quest'ultima sezione sono da segnalare la scultura della *Dea Hator che allatta il faraone,* il rilievo policromo della *Dea Hator con il faraone Sethos I* e il bassorilievo della *Dea della Verità Maat.* Nell'Antiquarium greco-romano, nelle raccolte di vasi e terrecotte, fa spicco il celeberrimo *Vaso François,* opera greca del VI sec. a.C. rinvenuta in una tomba etrusca. Il cratere, probabilmente un dono nuziale, è dell'artista Clizia e proviene dalla fabbrica ateniese di Ergotimo. È così conosciuto dal nome dello scopritore, Alessandro François, che lo rinvenne a Fonte Rotella (Chiusi) nel 1845; il vaso, a figure nere, è decorato con scene a soggetto eroico-mitologico. Per la sezione greco-romana si ricorda la statua in bronzo detta dell'*Idolino* (scuola attico-peloponnesiaca del V sec. a.C.). Notevolissima la raccolta d'arte etrusca che riunisce materiale proveniente da oltre tre secoli di ricerche. Numerosissimi sono i sarcofagi, le urne cinerarie, i bronzi, le armi e gli oggetti di uso quotidiano. Tra le sculture s'impongono all'attenzione la statua dell'*Arringatore,* raffigurante l'oratore Aulo Metello, rinvenuta presso il Lago Trasimeno (opera funeraria del III sec. a.C.), e quella della *Chimera ferita da Bellerofonte* scoperta ad Arezzo nel 1555, bronzo del V sec. a.C. con corpo di leone e testa d'ariete sul dorso (la coda in forma di serpente non è originale). La statua presenta su una delle zampe anteriori l'iscrizione etrusca « *tinscvil* ». Il museo vanta ancora sezioni del Mediterraneo orientale e della preistoria.

Nella pagina a fronte, in alto, la Chimera d'Arezzo; in basso, uno spillone aureo etrusco da Vetulonia. In questa pagina, in alto, il Vaso François proveniente da Chiusi; in basso, un bracciale aureo da Vetulonia.

In questa pagina, in alto a sinistra, Palazzo Davanzati con la tipica loggia; a destra, il Palazzo dell'Arte della Lana; in basso a sinistra, Palazzo Pandolfini in via Sangallo e a destra, Palazzo Cocchi Serristori in piazza Santa Croce. Nella pagina a fianco, in alto, i Palazzi di Parte Guelfa ed Antinori, in basso il Palazzo Rucellai.

SINAGOGA

Il tempio israelitico, in stile orientale bizantineggiante, è opera degli architetti Falcini, Treves, Micheli e Cioni (1874). Venne inaugurato, una volta ricoperto con la grande cupola di rame, nell'ottobre 1882.
Interessante costruzione sia per i raffinati affreschi e mosaici che la ornano all'esterno come all'interno, sia per il valore storico e culturale che riveste, è il simbolo della liberazione dall'antico ghetto che sorgeva nell'attuale Piazza della Repubblica.

IL PIAZZALE MICHELANGELO

Ci si arriva percorrendo il **Viale dei Colli**, che si snoda per circa sei chilometri lungo il versante meridionale della città. Fu progettato, come pure il Piazzale, nel 1868 dall'architetto Giuseppe Poggi. La grande terrazza su Firenze è abbellita da un gruppo statuario costituito da copie in bronzo di opere michelangiolesche: il David e le quattro statue allegoriche che ornano le Tombe medicee della Sagrestia Nuova di S. Lorenzo.

IL FORTE BELVEDERE

Eretto per volere di Ferdinando I dei Medici, su una collina che domina la città, con intenti strategico-militari, ad opera di Bernardo Buontalenti (1590-95), il Forte, restaurato da non molto tempo, ospita attualmente esposizioni di importanza internazionale. Vi si ammira una delle più suggestive vedute panoramiche della città.

Sopra, una veduta panoramica di Firenze dal Piazzale Michelangelo; a sinistra, la collina del Belvedere e nella pagina a fianco altre due vedute dei più importanti monumenti cittadini.

In alto, la facciata della Chiesa di S. Miniato al Monte; a sinistra, la Cappella del Crocifisso di Michelozzo ed, a fronte, l'interno della chiesa.

CHIESA DI S. MINIATO AL MONTE

Sorta come cappella verso il IV sec. deve la sua attuale struttura al volere del vescovo Ildebrando (1018). La parte inferiore della facciata è decorata da pregevoli arcate; più semplice la parte superiore che vanta un bel mosaico del XII sec. con *Cristo fra la Madonna e S. Miniato*. La chiesa, col suo **campanile** cinquecentesco incompiuto e danneggiato durante l'assedio di Firenze del 1530, il **Palazzo dei Vescovi**, le **fortificazioni**, il **cimitero monumentale**, sorge sulla cima del colle detto Monte alle Croci, che svetta sul sottostante Piazzale Michelangelo e sulla città intera.

CHIESA DI S. MINIATO

INTERNO
L'interno di questo magnifico esempio di architettura romanica fiorentina (appartenuto in origine alle monache benedettine, passato nel 1373 ai monaci olivetani) è a tre navate con copertura a capriate. Di rilievo l'impiantito centrale ad intarsi marmorei con *Segni zodiacali* e *Animali simbolici*. Sulle pareti resti di *affreschi* del XIII e XIV secolo. Notevole è la **cripta**, vastissima e chiusa da un'elaborata *cancellata* in ferro battuto (1338). L'*altare* (XI secolo) conserva le ossa di S. Miniato: sulle volte resti di *affreschi* di Taddeo Gaddi (1341). Bellissimo il **presbiterio** sopraelevato, col suo bel *pergamo* (1207) e un raccolto *coro* impreziosito da stalli lignei intarsiati. Nel catino

In alto, il mosaico col Cristo in trono nel catino absidale di S. Miniato; in basso, la Cripta; a fronte, due immagini degli affreschi di Spinello Aretino all'interno della Sacrestia.

dell'abside è il grande mosaico con *Cristo benedicente tra la Madonna e Santi* (1297). A destra del presbiterio si accede alla **Sagrestia** interamente affrescata da Spinello Aretino (1387) con le sedici *Storie della leggenda di S. Benedetto.* Scendendo dalla parte sinistra del presbiterio si accede alla **Cappella di S. Jacopo**, o « *del Cardinale del Portogallo* », disegnata da Antonio Manetti e decorata da cinque stupendi tondi che raffigurano lo *Spirito Santo* e le *Virtù cardinali,* opera di Luca della Robbia (1461-66).
A destra è il *monumento funebre del Cardinale,* bellissima realizzazione di Antonio Rossellino (1461). Nel centro della chiesa si erge la **Cappella del Crocifisso**, disegnata da Michelozzo, con la delicata volta smaltata di Luca della Robbia.
A destra della chiesa è il **Palazzo dei Vescovi** (1295-1320), antica residenza estiva dei vescovi di Firenze, poi convento, lazzaretto e casa dei gesuiti.

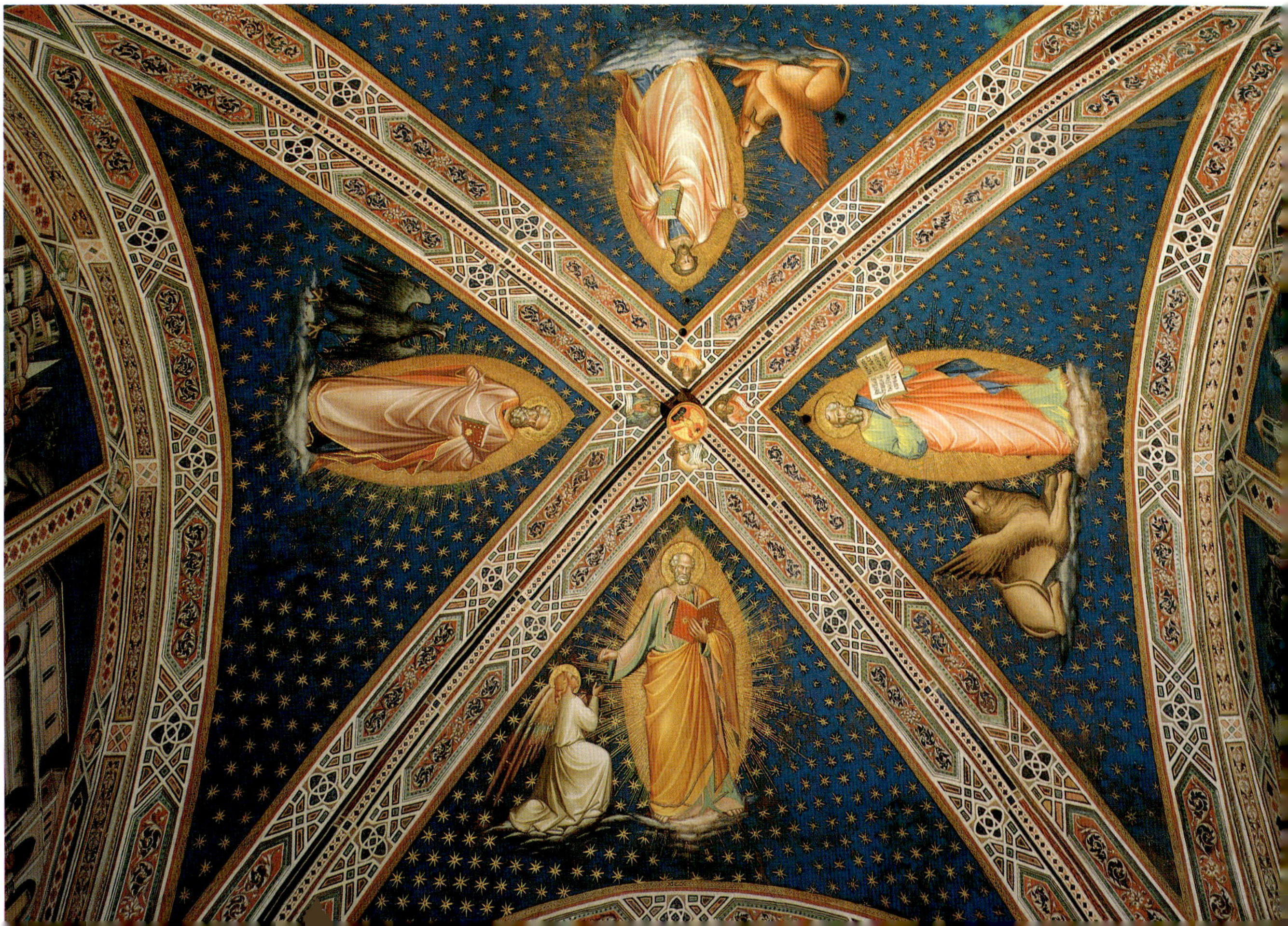

PALAZZO PITTI

Il più grandioso dei palazzi fiorentini risale al 1487 su probabile disegno del Brunelleschi. L'Ammannati lo ampliò nel XVI sec.. La facciata (205 metri per 36 d'altezza) è rivestita da un poderoso bugnato rustico composto da enormi blocchi. L'unico elemento decorativo sono le *teste di leoni* coronate tra le mensole delle finestre al pianterreno. Di epoca lorenese sono le due ali avanzanti. Dal grande portale ad arco si accede, superato un atrio, al **cortile** dell'Ammannati posto a un livello inferiore rispetto al colle di Boboli, che col suo giardino forma il retro dell'edificio. Al primo piano sono i **Quartieri Reali** e la **Galleria Palatina**: al secondo piano si trova la **Galleria d'Arte Moderna**. Il palazzo è sede anche del **Museo degli Argenti** e del **Museo delle Carrozze**.

GIARDINO DI BOBOLI

Vanta una storia vecchia di quattro secoli: fu disegnato dal Tribolo, su commissione di Cosimo I nel 1549. Continuarono l'opera l'Ammannati, il Buontalenti e Parigi il Giovane. Luoghi notabili sono: la **Grotta del Buontalenti** (1583); l'**Anfiteatro** con la *vasca romana* e l'*obelisco egizio* al centro; il **Vivaio di Nettuno** con la statua in bronzo del dio del mare e la statua dell'*Abbondanza* del Giambologna e del Tacca (1563); il **Casino granducale**; il **Giardino del Cavaliere**; la **Fontana dell'Oceano** del Parigi (1618) con le statue dei fiumi *Nilo, Gange* ed *Eufrate*.

In questa pagina, Palazzo Pitti e la piazza antistante. A fronte, in alto, la Fontana del Bacchino e la Fontana del Nettuno nel Giardino di Boboli; in basso, il retro di Palazzo Pitti.

POTABILE

A fronte, in alto, la Sala di Saturno ed, in basso, la Sala delle Nicchie in Palazzo Pitti; qui sopra, la Madonna della Seggiola di Raffaello nella Galleria Palatina.

GALLERIA PALATINA

La Galleria Palatina, che è il secondo museo cittadino per estensione ed importanza dopo gli Uffizi e che conserva opere di enorme valore per la storia dell'arte, fu fatta realizzare da Ferdinando II dei Medici con le decorazioni di Pietro da Cortona. Con il tempo la collezione, che oggi si presenta con la concezione di una « quadreria » seicentesca, cioè con pareti interamente tappezzate da opere d'arte avvicinate secondo criteri di gusto, fu accresciuta dal cardinale Leopoldo dei Medici e, successivamente, dagli ultimi esponenti della famiglia Medici e dai Lorena. La galleria si compone di moltissime sale dedicate a dei ed a personaggi mitologici raffigurati nelle decorazioni.

In alto a sinistra, la Madonna del Granduca di Raffaello; a destra, la Madonna e quattro Santi di Andrea del Sarto; a sinistra, la Madonna dell'Impannata di Raffaello.

La Velata di Raffaello.

Nella pagina a fronte, in alto a sinistra, la Gravida ed, a destra, il Ritratto di Maddalena Doni di Raffaello; in basso, la Madonna col Bambino di Filippo Lippi.

A destra, i Quattro Filosofi ed, in basso, le Conseguenze della Guerra, opere del Rubens.

In alto, a sinistra, la Visione di Ezechiele di Raffaello; a destra l'Assunzione con Apostoli e Santi di Andrea del Sarto; a sinistra, la Sacra Famiglia di Andrea del Sarto. Nella pagina a fronte, i due quadri con le Storie di Giuseppe ebreo di Andrea del Sarto.

CENACOLO DEL GHIRLANDAIO

Nella **Chiesa d'Ognissanti** (sorta nel 1256 ma ampiamente rimaneggiata nel '600), superato il **Chiostro** michelozziano ed entrati nel **Refettorio**, si può ammirare uno dei capolavori di Domenico Ghirlandaio. Si tratta dell'*Ultima Cena* (1480) che, per la scelta innovativa negli atteggiamenti degli Apostoli e soprattutto nell'idea di collocare alle loro spalle un paesaggio delicato e sereno, si ritiene non abbia mancato d'influenzare in qualche modo Leonardo da Vinci, che vide l'opera due anni prima di lasciare Firenze.

CHIESA DI S. FREDIANO IN CESTELLO

La Chiesa di S. Frediano in Cestello, nonostante la facciata incompiuta, è un raro esempio di stile barocco in Firenze. L'esecuzione è di Antonio Maria Ferri (da disegno del romano Cerutti, 1680-89), come sua è la **cupola** a tamburo (1698). All'interno, pregevole l'*affresco* della cupola, opera del Gabbiani (1701-18). Il nome di Cestello le deriva probabilmente dalla vicina costruzione del Granaio di Cosimo III, che sorge sul lato orientale della piazza.

CHIESA DI S. SPIRITO

S. Spirito fu pensata dal Brunelleschi come gemella di S. Lorenzo. La facciata non venne tuttavia mai ultimata. Anche la **cupola** è del Brunelleschi, mentre il **campanile** è di Baccio d'Agnolo (1503). L'interno è uno dei più alti esempi di architettura rinascimentale.

A sinistra, la Chiesa di Ognissanti; in basso, l'Ultima Cena del Ghirlandaio nel Refettorio annesso alla Chiesa. A fronte, in alto, la Chiesa di S. Frediano in Cestello ed, in basso, la Chiesa di S. Spirito.

CHIESA DEL CARMINE

S. Maria del Carmine è un edificio di origine trecentesca andato quasi interamente distrutto in un incendio nel 1771. Al suo interno sorge la **Cappella Brancacci** che nel transetto di destra conserva un ciclo di affreschi eseguiti tra il 1425 e il 1428 da Masolino e, soprattutto, da Masaccio (di sicura mano del primo la *Tentazione d'Adamo;* del secondo la celeberrima *Cacciata dal Paradiso* e una serie di scene dalla *Vita di S. Pietro,* tra cui quella famosa del *Tributo al pubblicano*). Gli affreschi furono terminati da Filippino Lippi.

LA CAPPELLA BRANCACCI: IL RESTAURO

La cappella conserva il più esaltante ciclo di affreschi dell'arte occidentale per la presenza eccezionale di Masaccio che vi lavorò con Masolino dal 1425 al 1427, seguito poi da Filippino Lippi che concluse le *Storie* più di cinquant'anni dopo. Il recente restauro (1984-1988), eliminando gli interventi del passato che avevano finito per ridurre la pittura ad un pesante monocromo, ha permesso il recupero di tutta la straordinaria dimensione originale dove i valori formali, coloristici e luministici si mescolano in un equilibrio di grande efficacia, come dimostrano questi due particolari tratti dal *Tributo* di Masaccio e dalla *Resurrezione di Tabita* di Masolino.

A sinistra, la facciata della Chiesa del Carmine; in basso, a sinistra, la navata della Chiesa ed, a destra, la cupola affrescata.

A fronte, alcune immagini degli affreschi della Cappella Brancacci, riportati recentemente all'originario splendore grazie ad un meticoloso restauro.

In alto, la Chiesa di S. Trinita; a sinistra, l'Adorazione dei pastori del Ghirlandaio.

CHIESA DI SANTA TRINITA

L'edificio dell'XI sec., ricostruito e ingrandito nei secoli XIII e XIV, ha una facciata lineare. Per la sua posizione, tra via Tornabuoni e il Ponte S. Trinita, è una delle chiese più note di Firenze. La tradizione attribuisce a Andrea Pisano il progetto, frutto della rielaborazione di un preesistente convento vallombrosano. L'interno, semplice e asciutto, conserva importanti opere d'arte come la *Madonna e Santi* di Neri di Bicci (1491), l'*Annunciazione* di Lorenzo Monaco (1425), l'*Adorazione dei Pastori* del Ghirlandaio (1485). Sempre del Ghirlandaio sono gli affreschi della **Cappella Sassetti** (1483-86). Le *Tombe della famiglia Sassetti* sono di Giuliano da Sangallo. Nella seconda cappella a sinistra dell'altar maggiore (con un *trittico* di Mariotto di Nardo, 1416) è la bellissima *Tomba marmorea del Vescovo di Fiesole* Benozzo Federighi, magnifica realizzazione di Luca della Robbia (1454-56) decorata da un delizioso fregio di mattonelle di terracotta dipinta e invetriata.

CHIESE MINORI

Nelle immagini, dall'alto, la **Chiesa di S. Salvatore al Vescovo**, eretta dopo il Mille e dalla fronte romanica ad arcate cieche, la **Chiesa di Badia**, eretta nel 978, dal portale di Benedetto da Rovezzano (1495) con lunetta cinquecentesca, e la **Chiesa di S. Carlo dei Lombardi**, realizzata fra Trecento e Quattrocento da Benci di Cione, Neri di Fioravante e Simone Talenti. Seguono, in basso, la **Chiesa di S. Salvi**, sorta come abbazia nel 1048 e più volte rimaneggiata, la **Chiesa dei SS. Apostoli**, dell'XI secolo con rifacimenti del XVI, dalla facciata romanica e dal suggestivo interno, ed infine la **Chiesa di S. Gaetano**, il cui prospetto è frutto del rifacimento seicentesco di Gherardo Silvani.

Nella pagina a fronte, in alto, una veduta delle due alture di Fiesole; in basso, la Piazza Mino da Fiesole. In questa pagina, in alto, la Chiesa di S. Francesco ed, a destra, il Teatro romano.

FIESOLE

È un'antichissima città di origine etrusca arroccata su una collina che guarda Firenze. Il centro si imposta attorno alla bella **Piazza Mino da Fiesole**, in cui è ubicata la grande **Cattedrale di S. Romolo** risalente all'XI sec.; qui si trova l'importante *Cappella Salutati,* affrescata nel XV sec. da Cosimo Rosselli, e la *Tomba del vescovo Salutati* realizzata da Mino da Fiesole. Di fronte alla Cattedrale prospettano il **Palazzo Vescovile** (sec. XI) e l'antica **Chiesa di S. Maria Primerana**. Da qui si può ascendere verso la **Chiesa** ed il **Convento Francescano** (sec. XIV), dov'è ospitato il **Museo Etnografico delle Missioni** che vanta importanti reperti etruschi. Dalla piazza si può raggiungere rapidamente il **Museo Civico Archeologico** ed il bellissimo **Teatro** romano risalente al I sec. a.C., dove si tengono numerose manifestazioni teatrali e cinematografiche. Nei pressi sono le **Terme** romane e il **Tempio** etrusco-romano. Da ricordare ancora il prezioso **Museo Bandini** che conserva opere di scultura e pittura collocabili tra il XIII ed il XV sec., e l'antichissima **Basilica di S. Alessandro**.

INDICE